新时代干部之基系列丛书

做干部必须作风硬

晓 山 | 著

·北京·
国家行政学院出版社
NATIONAL ACADEMY OF GOVERNANCE PRESS

图书在版编目（CIP）数据

做干部必须作风硬 / 晓山著. — 北京：国家行政学院出版社，2022.7

（新时代干部之基系列丛书）

ISBN 978-7-5150-2564-3

Ⅰ.①做… Ⅱ.①晓… Ⅲ.①干部教育—中国—学习参考资料 Ⅳ.①D630.3

中国版本图书馆 CIP 数据核字（2021）第 247862 号

书　　名	做干部必须作风硬 ZUO GANBU BIXU ZUOFENG YING	
作　　者	晓　山　著	
责任编辑	王　莹　马文涛	
出版发行	国家行政学院出版社 （北京市海淀区长春桥路6号　100089）	
综 合 办	（010）68928903	
发 行 部	（010）68928866	
经　　销	新华书店	
印　　刷	北京盛通印刷股份有限公司	
版　　次	2022年7月北京第1版	
印　　次	2022年7月北京第1次印刷	
开　　本	170毫米×240毫米　16开	
印　　张	13.5	
字　　数	144千字	
定　　价	40.00元	

本书如有印装问题，可联系调换。联系电话：（010）68929022

前　言

作风建设是党的建设重要内容，重视作风建设是我们党的优良传统和重要政治优势。习近平总书记把作风建设视为全面从严治党的内在重要组成部分，并提出一系列重要论述。他指出，党的作风就是党的形象，关系人心向背，关系党的生死存亡。我们党作为一个在中国长期执政的马克思主义政党，对作风问题任何时候都不能掉以轻心。他强调："执政党如果不注重作风建设，听任不正之风侵蚀党的肌体，就有失去民心、丧失政权的危险。"新时代要有新气象，更要有新作为。在建设富强民主文明和谐美丽的社会主义现代化强国的奋斗征程上，我们党仍然面临着"四大考验""四种危险"，只有继续发扬党的优良作风，练就过硬作风，才能确保我们党始终成为中国特色社会主义事业的坚强领导核心。打铁必须自身硬，作风就是战斗力。过硬作风是干好工作的重要前提，松软作风是误事坏事的重要根源。习近平总书记强调："大量事实证明，一个地方的工作，成在干部作风，败也在干部作风；一个地方的事业，兴在干部作风，衰也在干部作风。"新时代的领导干部，必须带头弘扬和传承一切从实际出发、理论联系实际、密切联系群众、批评与自我批评等党的优良作风，才能永葆党的先进性、纯洁性，为党和人民事业发展提供重要保证。

总而言之，新时代的干部就必须明事理、靠得住、有本事、有担当、作风硬。

目 录

第一篇
过硬的正己修身 忠诚为民作风 / 1

第二篇
过硬的求真务实 勤奋落实作风 / 43

第三篇
过硬的雷厉风行 拼搏担当作风 / 85

第四篇
过硬的砥砺奋进 敬业奉献作风 / 125

第五篇
过硬的久久为功 善作善成作风 / 167

后　记 / 207

第一篇

过硬的正己修身 忠诚为民作风

1 好作风是战斗力，好作风是推动力，好作风是凝聚力

习近平总书记强调："党的作风是党的形象，是观察党群干群关系、人心向背的晴雨表。党的作风正，人民的心气顺，党和人民就能同甘共苦。"作风建设无小事，作风好就会无往而不胜。干部作风是促进和影响一个地区、一个部门、一个单位最好的品牌。有了优良作风，干部才会想干事，才能干成事，才能营造和谐的党群干群关系和凝心聚力的干事创业环境。

风清则气正，气正则心齐，心齐则事成。作风是一个政党的性质、宗旨、纲领、路线的重要体现，作风问题本质上是党性问题。作风是一个干部的战斗力、推动力和凝聚力的重要展示，也是人民群众认识、评判一个政党和领导干部的重要依据。看一个干部形象好不好、威信高不高、干劲足不足，能否一呼百应、能否完成党交给的任务，关键看其作风如何。延安时期，毛泽东同志在延安请陈嘉庚吃饭，席上只有几盘蔬菜和一只鸡，而蒋介石在重庆设宴接待陈嘉庚，豪宴摆了好几天，陪客人员一大堆。陈嘉庚就是从两顿饭

的差别中得出了"中国的希望在延安"的重要判断。美国记者斯诺到延安采访，见识了以窑洞为教室、以石头砖块为桌椅、以石灰泥土糊墙作黑板的中国人民抗日军事政治大学（简称"抗大"），见识了总司令朱德与普通战士在一起喂马、打球的场面，就断定这支军队将具备战胜一切对手的"东方魔力"。历史证明，正是因为共产党始终同人民群众心连心、同甘苦，才能带领人民不断创造新生活。

干部作风是软环境的硬要素，软环境是推动发展的硬资源。没有过硬的作风，再好的蓝图也会成为泡影，再好的机遇也会失之交臂。《旧唐书》云："上行下效；淫俗将成；败国乱人；实由兹起。"领导干部有了好作风，才站得住脚，才挺得起腰，才能像一面面高高飘扬的旗帜，说话做事才能让人心服口服，有说服力、号召力、影响力。领导干部作风不过关、不过硬，党风政风就不可能好，歪风邪气一旦聚集成风，就会给党和国家的事业带来巨大危害。邓小平同志曾经回顾我们党的风雨历程，这样感慨："为什么过去很困难的局面我们都能渡过？根本的问题是我们的干部、党员同人民群众一块苦。"新时代的领导干部，一定要从自身做起，发挥先锋模范作用，坚持"干"字当头，撸起袖子加油干，克服"等、靠、要"的惯性思维和"怕、僵、满、木、私、浮"的懈怠情绪，拿出一股勇于担当、奋发有为的劲头来，敢于同强的比、向高的攀、与勇的争、跟快的赛，以"狭路相逢勇者胜"的气魄，让好作风更好发挥"水波效应"，实现一级一级传递、一个一个影响，拧成一股绳，心往一处想、劲往一处使，最终形成推动党和国家事业扬帆远航的不竭动力。

2 歪风不止，正气难树；正气不树，事业难成

文天祥的《正气歌》中有一句话叫作"天地有正气，杂然赋流形"，意思是说在天地之间有一种正气，万物靠这种正气才能生生不息、生长流传。孙中山先生曾说"大道之行也，天下为公"。习近平总书记在《激浊扬清正字当头》(《之江新语》)中引用著名思想家顾炎武的名句："诚欲正朝廷以正百官，当以激浊扬清为第一要义。"建设廉洁政治，实现干部清正、政府清廉、政治清明，是习近平总书记治国理政的基本政治伦理和价值追求。

"激浊"以驱歪风邪气。橘生淮南则为橘，生于淮北则为枳。环境对人的影响是潜移默化的，政治生态不好，各种歪风邪气就会冒出来，就会人心涣散、弊病丛生。近年来，一些领域窝案频发，腐败分子为牟取非法利益结成团伙，形成一种"圈子"化的歪风，进了班子还要进"圈子"，进班子不进"圈子"等于没进班子，从"朋党"到"圈子"，拉帮结派的歪风邪气看似无影无踪，却又无处不在，成为腐蚀领导干部、败坏党风政风的沉疴毒瘤，如果任由其大行其道，党风、政风、社会风气就有可能被带坏。习近平总书记强调，加强党的建设，必须营造一个良好从政环境，也就是要有一个好的政治生态。领导干部必须充分认识到作风建设需要大题大作、大事大为，警醒起来，延续打击的高压态势，同时又从小事件抓起，从小细节改起，从小隐患整起，固本强身，防微杜渐。

"扬清"以铸浩然正气。习近平总书记强调："领导干部要坚守正道、弘扬正气。"古往今来，官德，始终受到公众的关注，被视

作为官从政之灵魂。《论语》中也提到:"政者,正也。子帅以正,孰敢不正?"正气就是正直、正义、正大的风气。"正"是"政"的根本和源泉,"政"是"正"的躬行和实践。一身正气才能两袖清风,人无私念才能行端走正。领导干部要时刻加强自身的党性修养和锤炼,把"正气"作为修身立命之本,作为一种官德、一种人品、一种修养、一种气节,始终弘扬浩然正气,坚定政治立场,时刻自重、自省、自警、自励,做到公正至仁、正以尽义、廉以权威、明以立信;要向先进榜样学习,慎独、慎微、慎初,始终做到"诱惑挡得住、寂寞耐得住、清贫守得住",努力做能干事、会干事、干成事、不出事,让党和人民群众信得过的好干部。

3 高瞻远瞩公仆志,作假弄虚政客风

公仆的座右铭是心系群众,为民办更多的实事,而政客则是玩弄权术,想让自己当更大的官。做"公仆"还是做"政客"是为官从政道路上两种截然不同的选择,体现了不同的世界观、人生观和价值观。为官从政必须有政治家的眼光和思维,决不能有政客的心机和钻营。领导干部要把为人民服务作为一切工作的出发点和落脚点,始终不渝地以躬耕为民为己任,以实现人民对美好生活的向往为使命,把汗水洒在路上,把忠诚刻在心里。

为官应立公仆志,从政最贵爱民心。王阳明创办龙冈书院时曾告诫学生:"志不立,天下无可成之事。虽百工技艺,未有不本于

志者。"无论是圣贤豪杰,还是百工技艺,人人都有成就事业的可能,但首先必须立志。人之有志,如军之有帅,舟之有舵。个人立志,是提高自身学问和修养、取得事业成功的基础;国家和民族立志,则是引领事业发展、不断走向强大的关键。高尔基说过:"一个人追求的目标越高,他的才力就发展得越快,对社会就越有益。"习近平总书记强调,"民心是最大的政治","江山就是人民,人民就是江山,人心向背关系党的生死存亡"。同样是一颗心,有的人只能装得下一己悲欢,有的人却能装得下山高水阔。领导干部在干事创业的人生舞台上,不仅要牢记"权力越大、责任越大",还要扩大自身格局,把目光放长远、心胸放宽广,不计个人得失、不看一时荣辱,而是看根本、看方向、看长远,以"为民"为志向,坚守共产党人精神追求,始终坚持人民至上的价值追求,真正把老百姓当成天,把老百姓当成地,自觉做人民的公仆,全心全意为人民服务。

为官从政,表里如一是唯一的通行证。政客最大的特点就是追逐权势,最常用的手段就是弄虚作假,没有原则、立场和信仰,习惯口是心非,甘做"两面人"。《史记》中记载:"廉颇之免长平归也,失势之时,故客尽去。及复用为将,客又复至。"中国封建社会的职业政客代表人物是宋朝的蔡京,忽而是王安石的"新党",忽而又是司马光的"旧党",朝秦暮楚,反复无常。党史上的投机政客周佛海,叛党叛国,人生最终以悲剧收场。唐朝末年蝗灾严重,在向唐僖宗汇报的政客口中竟堂而皇之变成了"蝗虫不肯吃庄稼,自己爬到树上饿死",唐僖宗还以此为祥瑞之兆,焚香庆祝,这成为唐朝覆灭的罪魁祸首。政客貌似正人君子,实则弄虚作假。

对党忠诚始终是共产党人砥砺前行的座右铭、大义凛然的正气歌。领导干部要对党忠诚老实、光明磊落,说老实话、办老实事、做老实人,把心思放在全心全意为人民服务上,做到利益让步于信念,变通让步于规则,同时对那些坚持原则、敢讲真话的同志予以支持、保护和鼓励,让那些不干实事、弄虚作假的干部失去市场。

4 思想一刻不能麻痹,精神一刻不能松懈,作风一刻不能疲软

习近平总书记强调:"对党员、干部来说,思想上的滑坡是最严重的病变,'总开关'没拧紧,不能正确处理公私关系,缺乏正确的是非观、义利观、权力观、事业观,各种出轨越界、跑冒滴漏就在所难免了。"领导干部手握国家公权、身系民生休戚,要从三重境界加强自身修养,切实校准思想之标、把好精神之舵、绷紧作风之弦。

如临深渊,如履薄冰。人生的每一个十字路口都是一道选择题,谨慎选择才能确保方向正确,糊涂选择就易步入歧途,放弃选择就会迷失方向。习近平总书记多次告诫领导干部要时刻警觉、谨慎,毫不懈怠、严防腐败。当前我国改革已经进入深水区和攻坚期,国际国内形势十分复杂,领导干部所肩负的责任十分重大,面对的诱惑挑战也十分巨大,只有树立正确的价值观,时刻保持警醒,如同行走在悬崖边、薄冰上一样步步小心谨慎,才能不迷失、不摔倒、不堕落,真正走好为人为官的每一步。

防微杜渐，警钟长鸣。古人云，"不虑于微，始贻于大；不防于小，终亏大德"，"鞭靴不已，必及衣裘；衣裘不已，必及币帛；币帛不已，必及车舆；车舆不已，必及金璧"。很多落马的巨贪、大贪都起步于小贪、蚁贪，从"感谢费""辛苦费""交个朋友"开始，小节不守、私欲放纵，成为被"围猎"的对象还不自知，怀着一时一刻"没事"的侥幸心理，丢了原则、失了自我，结果"贿道一开"，发展下去必然是"欲壑成灾"。一时的思想麻痹、精神松懈、作风疲软，摧毁的可能是自己的政治生涯甚至是整个人生。领导干部要时刻牢记"苟非吾之所有，虽一毫而莫取"，拉紧公私界限的"分水闸"，做到在行为上防微杜渐、在思想上警钟长鸣。

不忘初心，方得始终。中国共产党人的初心和使命，就是为中国人民谋幸福，为中华民族谋复兴。做干部就要讲奉献，就要讲服务，廉洁从政是对干部的最低要求，要做好干部还要牢记初心使命，做到"为官一任、造福一方"。要克服不作为、慢作为、乱作为的思想作风问题，坚决反对"干多干少一个样、干好干坏差不多""不求有功、但求无过""当一天和尚撞一天钟"等思想麻痹、精神懈怠问题，坚持以人民为中心的根本立场，自觉加强党性修养、强化作风建设，把党性修养作为提升政治觉悟的"加油站"；要树立直面问题、敢于揭短的勇气，自觉检视问题与不足，把解决问题作为提高能力本领的"磨刀石"；要走实群众路线，面对作风问题"眼里容不得一粒沙子"，坚定干事创业"一竿子插到底"的决心，保持为群众办事一抓到底、锲而不舍的韧劲。

5 不丢好作风，不坏好规矩

习近平总书记指出，"不论过去、现在还是将来，党的光荣传统和优良作风都是激励我们不畏艰难、勇往直前的宝贵精神财富"，"各级领导干部都要树立和发扬好的作风，既严以修身、严以用权、严以律己，又谋事要实、创业要实、做人要实"。领导干部要把不丢好作风、不坏好规矩作为自己履职的指南和标准，做到有所为、有所不为，自觉遵守行为规范。

不丢好作风，必须始终坚守初心使命。党的作风是党的形象，是观察党群干群关系、人心向背的晴雨表。作风问题的核心是党与人民群众的关系问题，党的作风正，人民的心气顺，党和人民就能同甘共苦。领导干部不丢好作风，就要始终把人民放在心中最高位置，顺应民心、尊重民意、关注民情、致力民生，回应群众强烈诉求和热切期待，常怀亲民之心，多行为民之举，坚持问政于民、问需于民、问计于民，把群众的所思、所忧、所盼、所想，作为想问题、作决策、办事情的基本依据，让党心民心同频共振，在为民服务中践悟初心；就要摒弃"反人民的作风"，不能站在人民之上，不能游离于人民之外，力戒形式主义、官僚主义，把形式主义、官僚主义当作"人民公敌"，努力破除不愿打、不真打、不敢打的思想顽疾，真正形成人人喊打、人人真打、打出实效的行动自觉，让不正之风离我们越来越远，人民群众离我们越来越近。

不坏好规矩，就要始终坚持对党忠诚。规矩是本，作风是形，本正而形聚，本不正则形必散。讲规矩是对领导干部党性的重要考验，是对领导干部对党忠诚度的重要检验。制度规矩给力，作风建设才有力，转变作风，推动落实，既要靠个人自觉，更要靠制度规矩固化，让好作风成为好规矩。领导干部要做到"不坏好规矩"，就要遵守规矩，自觉把政治纪律政治规矩挺在前面，对党忠诚老实，对群众忠诚老实，任何时候任何情况下都不改其心、不移其志、不毁其节；就要反对"潜规则"，不能应该懂的装不懂，应该报告的不报告，擅作主张、我行我素、阳奉阴违、自行其是，要自觉讲诚信、懂规矩、守纪律，襟怀坦白、言行一致，心存敬畏、手握戒尺，任何时候任何情况下都不越界、不越轨；要努力营造人人讲规矩、事事守规矩的良好氛围，经常用制度规矩量一量，反思自身行为正不正、作风硬不硬，遵守规矩，树立良好作风。

6 教育培训"养"作风，制度约束"强"作风，纪律严明"护"作风

习近平总书记指出："作风建设永远在路上，永远没有休止符，必须抓常、抓细、抓长，持续努力、久久为功。"作风问题具有顽固性和反复性，任何时候都不能掉以轻心。当前，虽然一些领导干部有意识、有态度去抓作风建设，但一些不良作风像割韭菜一样，割了一茬长一茬，究其原因是方法路子不对头，头痛医头、脚痛医脚，不去寻根溯源，只能"见子打子"、疲于应对。作风问题须标本兼治，只有用教育培训管思想、强信念，用规章制度管长远、固

根本，用纪律规范管行为、遏"四风"，才能见常态、见实效、见长效，抓实抓好作风建设这个永恒课题。

常吹廉政之风，拂去思想尘埃。作风是思想的外化，思想是行动的先导。干部作风上这样那样的毛病，根子都是精神上"缺钙"，思想认识上出现了偏差，若想扭转过来，离不开自身修养提升，也离不开组织的教育引导。只有不断通过干部教育培训强化党性修养、宗旨意识、道德观念，引导党员干部坚定理想信念，坚守共产党人精神追求，才能清除附着在思想上的"腐朽"尘埃，增强改进作风的思想自觉和行动自觉。要重点开展作风教育，让人受警醒、明底线、知敬畏，主动在思想上划出红线、在行为上明确界限，打好"预防针"、增强"免疫力"。

打造制度铁笼，防止权力滥用。习近平总书记指出："走出作风问题抓一抓就好转、松一松就反弹的怪圈，从根本上说还是要靠科学有效的制度。"制度具有普遍、长期的约束力，是规范权力运行、改进作风常态化的重要保证。要建立健全各项制度，不断提高科学化水平，努力把制度的笼子扎得紧一些、密一些、牢一些，用制度建设推动作风建设。制度的生命力在于执行，要认真落实作风建设各项制度，有章必循、违规必究，坚持制度面前人人平等，不留"暗门"、不开"天窗"，维护制度的严肃性和权威性，实现"转作风不是一阵风"。

用好纪律武器，保护廉洁底线。习近平总书记强调："党面临的形势越复杂、肩负的任务越艰巨，就越要加强纪律建设。"坚持纪严于法、纪在法前，把纪律和规矩挺在前面。守纪律方能正作风。

要自觉遵守纪律、敬畏纪律，在任何时候任何情况下都不触碰法纪红线，不逾越雷池半步，使明警线、守底线、划红线成为严格自律的必备素质和自觉要求。要时刻绷紧纪律这根弦，严守政治纪律、组织纪律、廉洁纪律、群众纪律、工作纪律、生活纪律，始终做到心有所畏、言有所戒、行有所止，防患于未然，行稳而致远。

7 奋发有为的精神状态，清廉干净的办事态度，勤勉务实的为民作风，担当任事的鲜明导向

精神状态、处事态度、行为作风源自个人的思想境界和人生追求。心理学研究表明，一个人当下所呈现的精神状态，对待他人或事物的态度，以及比较稳定的行为风格，都是心理活动的综合体现。领导干部要善于调节和管理自己的精神状态，保持勤政为民、求真务实的良好作风，以身作则树立担当作为的鲜明导向，坚决杜绝不严不实工作作风。

保持时不我待的紧迫感，提振奋勇争先的精气神。毛泽东同志曾说，人是要有一点精神的。对于个人来说，精神是前行的坐标、远航的灯塔、思想的火炬；对于国家来说，精神是人格化的价值观、看得见的正能量，是社会文明进步的重要尺度。迈进新时代、逐梦新征程，实现中华民族伟大复兴，我们不仅要在物质上强大起来，更要在精神上强大起来。领导干部要始终保持昂扬向上、奋发有为的精气神，加强党的创新理论学习，传承红色基因，赓续精神血

脉，守好共产党人的精神家园，不忘初心、牢记使命，以新担当新作为书写时代精神新篇章。

干事暖民心，干净得民意。习近平总书记指出，金杯银杯不如群众口碑，群众说好才是真的好。民心是最大的政治。纵观百年，正是我们广大党员干部时刻秉持清廉干净的办事态度，为民办事，才赢得群众的认同和拥护。领导干部要以清正廉洁之心行为民之事，时刻注意自己的言行举止，把群众满不满意作为想事情、做工作的标准，牢记"群众事无小事"的办事原则，诚心诚意办实事。

唯有勤政为民，才能不辱使命；只有求真务实，才会不负重任。勤勉务实、崇尚实干、狠抓落实，是我们党的优良传统。习近平总书记指出，要把抓落实作为开展工作的主要方式。领导干部要勤勉务实、为民办实事，就是谋事要实，坚持一切从实际出发，在为民办事上不驰于空想、不骛于虚声，在其位谋其政，履其职尽其责，恪尽职守、勤勉工作，把精力用到谋事上，把劲头用在落实上，把心思用到求实效上，俯下身、沉下心为民服务，真抓实干，脚踏实地躬耕事业。

领导带头，万事不愁；攻坚克难，首看标杆。习近平总书记强调，要激发干部积极性，在选人用人上体现讲担当、重担当的鲜明导向，激励干部增强干事创业的精气神。领导干部要鲜明树立重实干重实绩的用人导向，既要自己带头履职尽责、担当作为，把自己打造成信念过硬、政治过硬、责任过硬、能力过硬、作风过硬的干部，又要贯彻落实"有为才有位"的选人用人理念，实现实践实干实效，让那些想干事、能干事、干成事的干部有机会、有舞台，大力选拔任用敢于负责、勇于担当、善于作为、实绩突出的干部，切实保护其干事创业的积极性。

8 改进作风绝非一日之功，一曝十寒只能隔靴搔痒

党的十八大以来，以习近平同志为核心的党中央把作风建设作为全面从严治党的切入点和主抓手，以坚如磐石的决心和毅力，持之以恒加强作风建设，刹住了一些歪风邪气、整治了一些顽瘴痼疾，党风政风焕然一新。但是也必须清楚地认识到，改进作风绝非一日之功，抓而不常、不细、不长就等于白抓。作风建设是党的建设的永恒主题，是一项永远在路上的严肃政治任务，要持续在抓常、抓细、抓长上下功夫，注重发挥"头雁效应"、克服"木桶效应"、激发"乘数效应"。

要抓"头"，提纲挈领，发挥"头雁效应"。 率先垂范、以上率下是我党的优良作风。火车跑得快，全靠车头带；作风好不好，关键看领导。落实中央战略决策和部署，如果"关键少数"只会空喊口号，再美好的蓝图也必然是"空转"；执行八项规定、严守纪律，如果"关键少数"松一寸，"绝大多数"就会宽一尺。对"关键少数"的表率作用越较真，表率效能就越大，越能形成以上率下的连锁反应。领导干部这个"关键少数"要在作风建设中先行动、作表率，形成一级带一级、层层抓落实的责任链条和工作格局，推动作风建设取得实效。

做干部必须**作风硬**

要抓"小",防微杜渐,克服"木桶效应"。作风建设的核心是保持党同人民群众的血肉联系,群众工作是具体的,百姓诉求是多样的,一些看似不起眼的作风"小节",尽管影响较小、危害较轻、涉及面较窄,但却是作风建设的"牛鼻子",作风问题一旦发生,无论大小,都可能成为破坏党群干群关系的"毁堤蚁穴"。木桶能装多少水由最短的木板决定,要切实补齐短板,着力在党性教育、制度健全、监管体系等方面下功夫,以标准不降、要求不松、力度不减的实际行动,一桩桩、一件件深思细抓,让好作风在抓细抓实的点滴积累中养成,推进作风建设常态化长效化。

要抓"长",久久为功,激发"乘数效应"。"胜非其难也,持之者其难也","四风"问题积习颇深,改进作风不能奢望"毕其功于一役",必须常抓不懈、久久为功。"四风"问题的形成非"一日之寒",具有反复性和顽固性,改进作风也绝非一日之功,不能指望"爆竹一声除旧岁",而是要将其作为一项长期而艰巨的任务常抓不懈、常抓常新。习近平总书记强调,要充分认识到作风问题具有顽固性和反复性,抓一抓有改善,松一松就反弹。作风问题如同病毒一样会变异、变种,会对打击方式产生"免疫",面对高压态势下更加隐蔽、复杂的作风问题,想要巩固作风建设成效,就要不断升级发现、打击、防范力度,做到抓在长期、久久为功。要准确把握新时代新征程对加强作风建设的新任务新要求,以马不离鞍、缰不松手的定力,以反复抓、抓反复的韧劲,激发"乘数效应",把作风建设抓深、抓实、抓出新成效。

9 形成优良作风不可能一蹴而就,克服不良作风也不可能一劳永逸

作风源于习惯,是一种长期养成的自觉,具有较强的惯性。对于优良作风,必须驰而不息、持之以恒地倡导和弘扬;对于不良作风,必须坚韧不拔、锲而不舍地纠治、解决。习近平总书记强调,作风建设是攻坚战,也是持久战,必须持续努力、久久为功。领导干部要把作风建设作为永恒课题,扶正祛邪、破立并举,经常抓、持久抓,一丝不能放松,一刻不能停顿。

前紧后松,功亏一篑。习近平总书记指出:"作风建设永远在路上,永远没有休止符,必须抓常、抓细、抓长,持续努力、久久为功。"党的优良作风包括对党忠诚、理论联系实际、密切联系群众、批评与自我批评、勇于斗争、艰苦奋斗等,是激励我们不畏艰难、勇往直前的宝贵精神财富。革命战争年代,我们党把作风建设作为生命线,始终与人民群众同生共死、同甘共苦,以"延安作风"打败了蒋介石的"西安作风"。风险越大、挑战越多、任务越重,越要加强党的作风建设,以好的作风振奋精神、激发斗志、树立形象、赢得民心。进入新发展阶段,我们面临的风险和考验一点也不比过去少,只有持之以恒发扬党的优良作风,得到人民群众支持和拥护,才能担起为中华民族谋复兴的光荣使命。领导干部要持之以恒发扬党的优良作风,不断增强意志力、坚忍力、自制力,以好作风迈进新征程,在坚持中深化、在深化中坚持,不断取得作风建设新成效。

纠风之难,难在反弹。作风问题具有顽固性、反复性,一些

做干部必须**作风硬**

不良作风像割韭菜一样,割了一茬长一茬。症结就在于有的地方和单位对作风问题的顽固性和反复性估计不足,缺乏常抓的韧劲、严抓的耐心,缺乏管长远、固根本的制度。党的十八大以来,党中央以作风建设开局起步,驰而不息正风肃纪,党风政风持续向好。然而,作风问题是长期形成的痼疾顽瘴,不可能短期内消除,巩固作风建设成效、防止问题反弹的任务还很重。党员干部必须充分认识作风建设的艰巨性和复杂性,在严和实、深和细、常和长上下功夫,以制度建立健全推动作风建设常态长效,以雷霆手段坚决纠治不良作风,反复抓、抓反复,防止浅尝辄止、虎头蛇尾。

10 树立山一样的崇高信仰,增强海一样的为民情怀,锤炼铁一样的责任担当,激发火一样的奋斗激情

人无精神则不立,国无精神则不强。奋斗新时代,担当新使命,必须始终保持那一股子气和劲,始终保持锐意创新的勇气、敢为人先的锐气、蓬勃向上的朝气。对于领导干部来说,这种精神力量则体现在坚定信仰上、一心为民上、勇于担当上、干事创业上。使命在肩、奋斗有我。领导干部要做负重前行的人、披星戴月的人、鞠躬尽瘁的人,以永不懈怠的精神状态和一往无前的奋斗姿态,在攻坚克难中追求卓越,在创新创造中引领潮流,奋力把各项事业不断推向前进。

*崇高信仰是引路之灯。*信仰是引领一个政党、民族和国家奋勇

前行的精神航标和旗帜。百年来，我们党从小到大、从弱到强，历经苦难而不断奋起，历尽坎坷而淬火成钢，为的就是一个理想，靠的就是一种信仰。习近平总书记强调："对马克思主义、共产主义的信仰，对社会主义的信念，是共产党人精神上的'钙'。没有理想信念，理想信念不坚定，精神上就会得'软骨病'，就会在风雨面前东摇西摆。"领导干部要深入学习贯彻习近平新时代中国特色社会主义思想，坚持用马克思主义的世界观、人生观、价值观武装头脑，善于从人类社会发展规律的高度来认识和把握当今世界的变化，不断提高政治判断力、政治领悟力、政治执行力，确保在任何时候、任何情况下都恪守信仰、坚守忠诚。

为民情怀是奉献之源。习近平总书记指出，"江山就是人民，人民就是江山"，"我们必须把人民利益放在第一位，任何时候任何情况下，与人民群众同呼吸共命运的立场不能变，全心全意为人民服务的宗旨不能忘，坚信群众是真正英雄的历史唯物主义观点不能丢"。人民群众就是我们的根，离开了这个根，我们永远长不高、开不了花、结不了果。领导干部必须坚定全心全意为人民服务的信念，以为人民服务为己任，察人民群众之苦，解人民群众之忧，始终坚持为人民群众办实事、办好事，坚决不做有损人民群众利益的事情。

责任担当是为政之本。干部敢于担当作为，既是政治品格，也是从政本分。习近平总书记指出："能否敢于负责、勇于担当，最能看出一个干部的党性和作风。"领导干部要坚持"实"字当头、"干"字为先，敢于担当、善于作为，带头担当责任、带头落实任务。要始终保持功成不必在我、功成必定有我、功成不分你我的精

做干部必须**作风硬**

神境界，既当指挥员又做实干家，既做让老百姓看得见、摸得着、得实惠的实事，也做为后人作铺垫、打基础、利长远的好事，不图虚名、不务虚功，追求群众的好口碑、历史沉淀之后的好评价，确保各项工作经得起历史和人民的检验。

奋斗精神是成事之基。领导干部是一个地方、一个单位的骨干，对于一个地方、一个单位的发展至为关键，只有始终满怀激情、敢为人先，切实担负起应有的责任和使命，才能不断推进党和人民的事业向前发展。黑格尔曾说，"没有激情，世界上任何伟大的事业都不会成功"。领导干部必须保持不甘落后、敢为人先的勇气和志气，进一步提升工作标杆，因地制宜、创新实践，尽职尽责、尽心尽力、尽善尽美地做好每一件事情，在推动高质量发展中大显身手。

11 在顺境中不骄傲不自满，在逆境中不消沉不动摇，在风险面前不屈服不退缩

良好的心态是一个人安身立命、为人处世的基础，是事业成功、家庭幸福的前提，领导干部干事创业，更是离不开良好的心态。习近平总书记多次强调，领导干部要淡泊名利，保持良好心态，形成奋发有为、积极进取的工作状态。其实，领导干部如何对待工作和生活中的顺境、逆境乃至险境，是其心态的反映，只有做到顺境不惰、逆境不馁、险境不退，工作和生活才会有好状态。

心态不是人生的全部，却能左右人生的全部。心态就是心理状态，是人在一定情境下各种心理活动的综合表现，是其思想、情绪、意志、性格、能力等综合素质的集中反映。狄更斯说："一个健全的心态，比一百种智慧更有力量。"良好的心态，可以使人身体健康、生活快乐、工作投入、事业成功。如果心态不好，更容易表现出自满、脆弱和悲观。培养良好心态，对领导干部更是具有特别重要的意义。领导干部的好心态，应该是一种淡泊名利、积极进取、勇往直前的心态。拥有良好的心态，就能正确对待所从事的事业和肩上的重任，就能顺利通过顺境、逆境和险境的考验，否则，往往不能正确认识自己、对待组织和事业，导致心理失衡，使事业受挫、形象受损，最后背离初心，甚至成为人民的罪人。

智者不以境役心，要以心制境。境由心生，是顺境、逆境，还是险境，取决于人的心境。唯有学会善待顺境、正视逆境、挑战险境，才能以积极乐观的态度面对人生。如果鬼迷心窍，绝望了，到处都会是绝境。领导干部不论处于何种情境，都应该正视现实，培育良好的心态：身处顺境时，要珍惜顺境，不因身处顺境而故步自封及狂妄自大，做到不矜不骄、居安思危，积累好资本、把握好机遇，努力奋斗，加快步伐，全力向成功的彼岸迈进；身处逆境时，要正视逆境，不因身处逆境而一蹶不振和妥协丧志，做到不畏艰难、总结经验、创造机会、奋发图强，练就处变不惊、能屈能伸的顽强意志，以积极乐观的态度投入工作；身处险境时，要挑战险境，英勇斗争，把群众利益放在首位就是要把群众的利益放在最高位置，把人民群众始终装在心里，敢于挺身而出，担起保护人民人身安全的责任。

12　谨慎使你免于灾害，宽容使你免于纠纷

习近平总书记多次强调，各级干部特别是领导干部必须增强谨慎之心，对风险因素要有底线思维。《尚书》云："必有忍，其乃有济；有容，德乃大。"谨慎是一种对外界事物和自己言行密切注意的为人处世理念，也是一种接受新事物、解决新问题、求得新发展的科学态度。宽容则是指对人谦和包容的态度。对领导干部而言，处事严谨和为人宽容都是干事创业必备的重要素质。

慎终如始，则无败事。毛泽东同志曾指出，务必使同志们继续地保持谦虚谨慎、不骄不躁的作风，务必使同志们继续地保持艰苦奋斗的作风。邓小平同志强调，既勇于创造新的经验，又保持谦虚谨慎的态度。可见，谦虚谨慎是一种品格，是一种能力，也是一种作风，是我们不断推进党和国家事业的宝贵精神财富。领导干部要把谨慎作为一种高尚的人格修养自觉追求，作为一种良好的领导方法自觉发扬，作为一种重要的为政之道自觉践行，永远保持谦虚谨慎、戒骄戒躁的工作态度和作风，更好地服务党和国家各项事业的发展。

厚德载物，有容乃大。俗话说，"大智者必谦和，大善者必宽容"。宽容是从政为官者的重要品德，体现的是一种胸襟和气度，彰显的是一种人性的温暖与光辉，展示的是一种自信和力

量。一个人不论职位有多高、能力有多强，如果心胸狭窄，容不得人、容不得事，不仅搞不好班子内部团结，也搞不好与群众的团结，而这两个团结搞不好，就会脱离干部群众，最终失道寡助，成为孤家寡人。领导干部要有博大的胸怀、容人的气度，工作坚持以大局为重、以事业为重，谨慎处事，宽容待人，善于理解人团结人凝聚人，容人之过、容人之短，努力营造良好的团结干事氛围。

13 正视问题，要成为一种自觉；刀刃向内，要成为一种习惯

很多问题的解决不能一蹴而就，解决问题也是一个长期的过程。有正视问题的自觉，才能发现不足、找到短板；有刀刃向内的勇气，才能解决问题、不断进步。敢于直面问题、勇于修正错误是我们党的显著特点和优势。习近平总书记强调："中国共产党的伟大不在于不犯错误，而在于从不讳疾忌医，敢于直面问题，勇于自我革命，具有极强的自我修复能力。"领导干部要经常性地保持清醒头脑，勇于直面矛盾，增强斗争本领，加强党性锻炼和政治历练，不掩饰缺点，不回避问题，以勇于自我革命的精神打造和锤炼自己。

若能反己，方见自己有许多未尽处。《老子》有云，"夫唯病病，是以不病"，就是说，把问题当问题，才能不出问题。马

克思曾指出:"问题就是公开的、无畏的、左右一切个人的时代声音。问题就是时代的口号,是它表现自己精神状态的最实际的呼声。"正视问题是解决问题的前提,只有正视问题才能迈出科学解决问题的第一步。领导干部能否敢于正视存在的问题,既是认识能力和水平的问题,也是直面缺点和错误的精神和勇气的问题。要常修从政之德,常怀律己之心,常思贪欲之害,常戒非分之想,防微杜渐,将问题解决在萌芽状态。要查一查在理论学习上,是不是还知其然,不知其所以然,在服务人民上,是不是还被动等待多、主动作为少,多找找差距、多发现问题,才能在自我解剖、自我反省中更上层楼,敢于讲问题、说不足,才会知得失、辨方位、敢进取,使我们的队伍始终充满生机活力,事业更有希望。

以"又日新"的自我革新,方能化茧成蝶。知其过不能改,是无勇也。鲁迅曾说:"革命者决不怕批判自己,他知道得很清楚,他们敢于明言。"检视问题是方法,整改问题才是目的,真刀真枪解决问题,才能补短板、强弱项、固根本,防源头、治苗头、打露头,达到自我净化、自我完善、自我革新、自我提高的效果。刀刃向内、自我革命,是我们党永葆旺盛生命力和强大战斗力的政治保证。无论什么时候,问题总是客观存在的,领导干部要勤于三省吾身,把自省当作一种习惯,时刻反省自己工作中存在的问题,全心全意把党和人民交付给自己的工作做好。要学会广泛开展调查研究、对照查摆、谈心谈话、开门纳谏,不避实就虚、掩饰缺点,更不讳疾忌医、文过饰非,切实把各类问题找实、找准、找全面,坚持问题导向，对问题进行由浅入深、由表及里的分析，坚持把"改"字贯穿始终，立查立改、即知即改，真刀真枪解决问题，不断纯洁党的思想、组织、作风和肌体。

14 带着一颗"真心"而来，不带半分"私心"而去

天地无心，视听在民。我们党来自人民、植根人民、服务人民，一旦脱离群众，就会失去生命力。领导干部要练就过硬作风，就要在全心全意为人民服务中提升政治站位、提高工作能力，在真心实意向人民学习中拓展工作视野、丰富工作经验，在服务人民中大公无私、真情奉献，做作风建设的积极践行者。

方寸"真心"守初心，点滴"真心"暖民心。大浪淘沙始见金，方寸之中见初心。真心才能换真情。只有用真心对待人民群众，把人民群众当成家人，深入群众中，做到与群众心连心，才能听到群众的心声。领导干部要坚守人民至上的宗旨信念，践行服务人民的铮铮誓言，用一颗真心在为民造福中实现自己的价值，在无私奉献中成就人生；要真心思民苦、排民忧，急民需、解民困，盼民愿、暖民心，自觉同人民群众想在一起、干在一起，时刻站在群众的角度思考问题，竭尽全力、对症下药地为群众排忧解难，真正成为群众的"贴心人"。

出以公心谓之"公"，做好服务谓之"仆"。心苟至公，人将大同。人心向背看作风，老百姓认识和评判一个政党，最直接、最有

力的依据就是其作风。孟子有云，"以力服人者，非心服也，力不赡也；以德服人者，中心悦而诚服也"。好作风的每一个细节、每一个场景，都能直指心灵深处，让人心悦诚服、心向往之。回望党的历史，"日穿草鞋，夜打灯笼"的苏区干部，唤起了工农千百万，"三大纪律、八项注意"的长期锤炼，锻造出一支所向披靡的人民军队。新时代的领导干部，要始终坚持公私分明，先公后私，克己奉公，不断加强党性修养、强化公仆本色、提高政治能力，把党的事业放在第一位、把人民的利益放在第一位，以大公无私的情怀，做到甘于奉献、甘于付出，不为名所累、不为利所困，不计个人得失，矢志不渝、尽心尽责为人民谋幸福，永葆公仆本色、恪守为民之心。

15 树牢"革命理想高于天"的坚定信仰，锤炼"烈火丹心铸忠诚"的政治品格，强化"敢教日月换新天"的使命担当，涵养"一枝一叶总关情"的深厚情怀

信念是本，作风是行，本正而行聚。回望党的百年历史，中国从站起来、富起来到强起来，正是无数中国共产党人对马克思主义的信仰，对党和人民的忠诚，对为民情怀的一以贯之在百年历史中写下的不朽传奇。

心有所信，行则无畏。共产党人的信念，就是对马克思主义的信仰。习近平总书记强调："只要有信仰、信念、信心，就会愈挫愈

奋、愈战愈勇，否则就会不战自败、不打自垮。"在当今世界百年未有之大变局中，我们要赢得优势、赢得主动、赢得未来，就必须筑牢马克思主义信仰之基。领导干部要带头加强思想政治建设，不断掸去思想上的灰尘、淬炼政治上的坚定，补足精神之钙、把稳思想之舵，努力把马克思主义哲学作为自己的看家本领，超越一己之私、一时之利，点燃内心正能量，始终坚定马克思主义信仰和共产主义理想。

欲造钢铁品格，莫不以忠铸魂。对于中国共产党人而言，政治品格永远是第一位的品格。党员干部要锤炼忠诚干净担当的政治品格，全心全意为人民服好务。忠诚干净担当，忠诚始终是第一位的。忠诚是共产党人融入血脉、融入灵魂的本质要求。领导干部要以实际行动擦亮共产党人的政治名片，始终做到对党忠诚，始终在政治立场、政治方向、政治原则、政治道路上同党中央保持高度一致。

铁骨铮铮担道义，初心脉脉铭心间。百年征程，刻印着共产党人的担当与奉献，书写着共产党人的初心和使命。展望新征程，进入新发展阶段的大跨越，需要展现的作风就是在积极作为中彰显使命担当。担使命，就是要牢记我们党肩负实现中华民族伟大复兴的历史使命，保持斗争精神，敢于直面风险挑战，以坚忍不拔的意志和无私无畏的勇气战胜前进道路上的一切艰难险阻；就是要在实践中增智慧，勇挑发展重担，积极主动作为，当攻坚克难的奋斗者、不当怕见风雨的泥菩萨；就是要在真刀真枪中磨炼品质、塑造价值，创造出经得起实践、人民和历史检验的实绩。

一丝不苟勤于政务，一生为民乐在其中。利民之事，丝发必兴。"百姓之事无小事，心无百姓莫为官"，领导干部要始终牢记为人民服务的宗旨，厚植为民情怀，要时刻把群众安危冷暖放在心上，不忘对人民的热忱、对责任的敬畏、对使命的担当；要常思律己之心，正确行使党和人民赋予的权力，始终保持清正廉洁；要自觉践行以人民为中心的发展思想，强化群众观念、群众意识、群众感情，一以贯之为民情怀，使中国梦的人民底色日益鲜明。

16 不虚心不知事，不实心不成事

一个人如果不虚心学习，就什么道理也不懂；如果不真心诚意，就什么事情也干不成。虚心做人，实心做事，是为人处世的根本，更是为官从政的要求。领导干部要坚持立党为公、执政为民，虚心向群众学习，真心对群众负责，热心为群众服务，诚心接受群众监督，放下架子、扑下身子，接地气、通下情，真正把群众面临的问题发现出来，把群众的意见反映上来，把群众创造的经验总结出来。

虚怀若谷，纳言增智。老子有言，"大直若屈，大巧若拙，大辩若讷"。真正有智慧的人，应该具备含蓄、内敛的功夫。三人行，必有我师。每个人的经历都是有限的，不虚心地吸取教训就永远不会明白事理。当我们放下面子，虚心请教，我们的智慧也会丰盈起来。领导干部要在崇尚学习、积极改造学习、持续深化学习的氛围中修炼好虚心，始终坚持马克思主义群众观，紧跟时代发展的步伐，紧跟新时代的需求，加快学习型政党、学习大国的建设；要始终甘当人民群众的"小学生"，常和群众"坐在同一条板凳上"，放低姿态，虚心向群众学习，以民众视角，与群众交流，为人民说话，拜人民为师。

真心对群众负责，诚心为群众服务。诚者，天之道也；诚之者，人之道也。我们党的根基在人民、血脉在人民、力量在人民，群众需不需要、满不满意、能不能受益是党作决策、贯彻决定是否正确、能否到位的试金石。领导干部要诚心诚意为人民办实事、干好事、解难事，怀着一颗真心为民计民生保驾护航，把群众的安危冷暖放在心上，以高度负责的态度，捧出真心、问出真话、了解需求，诚心诚意地为人民群众办实事、做好事、解难事；要真心对群众负责，真心关心群众疾苦，切实做好和人民群众切身利益息息相关、紧密相连的每一项工作，恪守为民之责，善谋富民之策，多办利民之事，才能使党赢得最广大人民群众的拥护和支持。

17 千计万计，群众路线是第一计；千难万难，问计群众就不难

《尚书》有言，"好问则裕，自用则小"。政治乃众人之事。治国理政，亲身征询于田野，虚心问计于百姓，才能把握群众所思所想所盼，凝聚民心民智民力，开创改革发展新局。反之，坐在家里

"憋思路",找个谋士"凑点子",纵有一腔热血,决策部署也难免脱离实际,最终群众不买账、工作难收场。问计于民,不只是虚心与否的问题,而在于作风实不实的问题,一切为群众的工作都要从群众的需要出发,而不是从任何良好的个人愿望出发。

基层是最大的课堂,群众是最好的老师。人民立场是中国共产党的根本政治立场,是马克思主义政党区别于其他政党的显著标志。回望来路,正是因为我们党始终同人民风雨同舟、血脉相通、生死与共,才能够一次次挽狂澜于既倒、历危难而重生、于求索中而壮大,才能攻克一个又一个难关,创造一个又一个奇迹。任何时候,共产党人都坚持站牢人民立场,把人民利益摆在至高无上的地位,始终同人民想在一起、干在一起。领导干部要解决好"我是谁"的问题,对人民群众要有敬畏之心,放下架子、端正态度,真心实意地做人民的公仆,全心全意地为人民服务;要站在群众的立场上,学会换位思考,作决策、定政策始终尊重百姓意愿、体会百姓感受、维护百姓利益,使决策符合民意、让政策赢得民心。

知屋漏者在宇下,知政失者在草野。我们党干革命、搞建设、抓改革所取得的伟大胜利,都是与人民的智慧、奋斗密不可分的。当前,世界正经历百年未有之大变局,我国发展正处于战略机遇期,机遇和挑战都有新的发展变化。只有始终坚持问计于民,向群众学习,才能有足够的底气、能力、智慧战胜各种风险挑战,为实现中华民族伟大复兴凝聚无穷智慧、汇聚强大力量。领导干部只要真诚倾听群众呼声,真实反映群众愿望,真心拜群众为师,就能激发群众中蕴藏的力量；谋划思路向人民群众问计，改革措施向人民群众请教，落实任务靠人民群众努力，改进作风就有了参照系，就能增强人民对共产党的信心，改革发展就没有蹚不过的河、越不过的坎。

18 只有坚持眼睛向下看、身子往下沉，深入基层、深入群众，关注终端、接触末梢，才能成竹在胸，才有可能成为抓落实的行家里手

民之所望，施政所向。基层是一切工作的落脚点，抓落实的重心要放在基层一线，解决落实不到位问题的思路和办法，要到基层和群众中去寻找。领导干部要做到察实情、收实效，就要始终把人民放在心中最高位置，沉下身子、放下架子，与群众"面对面"交流、"心贴心"服务、"点对点"落实，确保党和国家的各项政策落到实处。

涉浅水者见鱼虾，入深水者见蛟龙。做任何事情，都要回到"基本"上来认识、思考、谋划、行动，紧紧盯住末端做工作，瞄着末端抓落实，这样才能抓住关键、抓住要害。如果只是沉到基层中去看政绩、看美景、看笑脸，那就是"看"得不全面，"下"得不透彻，难以沉下心来看清楚基层问题的本质，更难以和群众建立深厚的感情。领导干部要学会除官气，牢记人民公仆身份，戒除妄自尊大、颐指气使、装腔作势，遵循基本标准、基本条件、基本要

求、基本底线，多一些扑下身子、挽起袖子、干出样子，做到"一竿子插到底"，一锤接着一锤敲，锤锤敲在点子上，切实做到权为民所用、情为民所系、利为民所谋。

欲致其高，必丰其基；欲茂其末，必深其根。千里马是赛场上赛出来的，优秀领导干部不可能是温室里培养出来的。基层一线是淬炼干部的广阔舞台，通过在基层大课堂学习，在一线接地气、连民心，提高综合协调处理能力、服务社会发展能力，在一线补短板、增阅历，增强服务群众的能力和水平，在一线强素质、讲担当，提升处理突发事件、应对复杂局面的能力，才能更加读懂群众、了解实际。领导干部要树立"人在基层，心为群众"的理念，摒弃"衙门风"，带头"下高楼""出深院"，从"案头"走到"田头"，既要"接地气"，又要"沾泥土"，在基层一线历练成长，成长为工作的行家里手。

19　用脚步丈量民情，用脑袋思考问题，用行动破解难题

自古成败，皆在民心。习近平总书记强调："江山就是人民，人民就是江山。"只有走进群众、了解群众、融入群众，才会准确地破解难题，才能把工作做到群众的心坎上。领导干部要更加主动地、开创性地了解民情，为民解难题、办实事，要把心思和劲头放在实干上，做到眼睛亮发现问题、耳朵灵掌握信息、嘴巴勤指出问题、手脚快解决问题。

脚踏泥土芬芳，足迹见证初心。 常言道，没有调查研究就没有发言权。不大兴调查研究之风，没有"两脚泥，一身汗"，对真实情况不了解，看问题就会雾里看花，谈举措就会隔靴搔痒，就不可能有的放矢推进问题解决。作为领导干部，熟悉民情，就是要用脚步丈量土地，走出办公室，走向田间地头，走进农家田舍，听民声、解民忧、助民富，密切党群干群关系；要坚持重心下移，迈开双腿，多到基层察实情摸底数，了解掌握第一手实情，真正走下去和老百姓亲密接触，真正走进老百姓的心。

善思则多谋，善思则多变，善思则出新。 唐代韩愈在《进学解》中说"行成于思"，说的就是不论做什么事，善于思考才能成功。要真正做到学有所获、学有所成，贵在学而有思，就要做到勤于思考、善于思考，对所学知识去粗取精、去伪存真，进而找出规律性的东西，将所学知识进行思考并转化为自身知识，这样工作起来才能得心应手。领导干部要想为群众办实事就一定要多动脑筋、多思考，打破固定思维，不断开拓思考困难问题的广度、深度及厚度，深入调查研究，科学决策，时时让脑袋装问题、思问题、研问题，常常刨根问底、追本溯源，在思考中找到解决问题的方法，避免浅尝辄止、半途而废。

见之不若知之，知之不若行之。 为人民群众办事，关键要有实际行动，做让群众看得见摸得着的事情。面对复杂形势和艰巨任务，要破难题，就要出实招、务实功、求实效，不从实处谋划，不向实处用力，抓落实就成了空落实、伪落实。领导干部要用"纸上得来终觉浅，绝知此事要躬行"的实干态度切实解决好敏感、棘手的

"疑难杂症",坚持向问题要方法、向问题要答案、向问题要成长,找准着力点,在行动上、措施上精准发力,久久为功才能办成事。

20 对群众最盼、最急、最忧、最想的问题要主动调研、抓住不放,增强看问题的眼力、谋事情的脑力、察民情的听力、走基层的脚力,真正听到实话、察到实情、获得真知、收到实效

问政于民知得失,问需于民知冷暖,问计于民知虚实。习近平总书记指出,领导干部要得到群众的信任,决不仅仅靠权力,更主要的是靠人格魅力和工作能力,靠做群众工作的方法和本领。做群众工作积极不积极、善于不善于、效果好不好,体现着领导干部的履职能力、干事作风和创业本领。

坚持"问计于民",强"眼力"。 增强看问题的眼力就是眼力要准,就是要发现问题精准、判断问题精确、解决问题精心。领导干部要坚持问题导向,带着问题找问题,"小题"里面看"大题",窥斑见豹、见微知著。无论是作决策还是干事情,都能透过纷繁复杂的表象,理出头绪、看到本质。通过调查研究发现问题是基础,解决问题是关键。要善于问计于群众,在与人民群众交谈、交流、交心过程中,既能进一步增强发现新问题的广度和深度,又能增强解决问题的效率和效果。

坚持"问政于民",强"脑力"。 所谓脑力就是肯动脑、善动

脑的能力，体现了一个人求真务实、求效务本的事业心、责任感。习近平总书记强调，要从实际出发谋划事业和工作，不搞那些脱离实际、脱离群众、劳民伤财、吃力不讨好的东西。人民群众长期生活在基层，有着丰富的实践经验，他们对改善政府服务方式、工作思路和措施很有发言权。因此，只有通过各种方式，积极主动地问政于民，在干事创业中听取普通百姓的意见和建议，在创新发展中融入群众的理念，才能使政策、决策更加顺民意、暖人心、见成效。

坚持"问需于民"，强"听力"。领导干部增强察民情的"听力"，就要善听民怨民声，善听谔谔之言。习近平总书记指出："要拜人民为师，向人民学习，放下架子、扑下身子，接地气、通下情，'身入'更要'心至'。"领导干部要学会自定路线，自选动作，多到意见多的群众中去听听，多些"微服私访"。不怕群众提意见，就怕群众无意见；要主动问需于民，实实在在地解决实际问题、实际困难，站稳人民立场，真心实意交农民朋友、拉家常，对了解到的真实情况和各种问题，要有回音、有落实。

做好"问效于民"，强"脚力"。领导干部增强走基层的脚力就是要多下基层，了解基层群众的柴米油盐、喜怒哀乐，做到问效于民，在联系服务群众中提高工作能力、工作效率和工作质量。习近平总书记在福建宁德任地委书记时，到任3个月就走遍了9个县，后来又跑遍了全地区绝大部分乡镇，还走山路去了不通公路的偏远山区。领导干部练好下基层的"腿上力量""脚上功夫"，要像习近平总书记那样，既要总结先进者的经验之道，也要分析落后者

的根源所在；既要到群众炕头，也要进田园地头，切实用心走基层，用脚量民生，察实情、出实招、办实事、求实效。

21 所有的矛盾来自沟通不善，所有的浮躁来自基础不够，所有的成功来自比别人更努力，所有的奇迹来自激情永驻

态度决定一切。在工作上，能力不敌态度；在成功上，才华不敌韧度；在做人上，精明不敌气度。领导干部，特别是年轻干部追求成功，往往都有激情、有冲劲，但背后往往又伴随着浮躁，总是眼高手低，没有耐心，不肯踏实地做一件事情，不愿意坐冷板凳，更多地计较眼前的利益得失，而缺少长远的眼光，急于求成，忙于应酬，常梦想着能不劳而获，一方面忧虑自己的前途，一方面又怠于学习新的东西，处于吃老本的状态，慢慢地必将沦为平庸。

沟通是一座桥梁，帮人渡过一条河；交流是一把钥匙，帮人解开一把锁。海明威曾说："每一个人都需要有人和他开诚布公地谈心。"这世上所有的误会都来自不理解，所有的矛盾都来自不沟通，所有的错过都来自不信任。面对日新月异的形势，面对纷繁复杂的事务，领导干部需要具备较强的沟通协调能力，正确处理工作中的各种关系，帮助下属之间建立互相配合的良好关系，及时化解单位的矛盾与冲突，克服工作正常开展的阻力，使干事创业的积极性更加高涨，更快地推进工作。

越是环境复杂，我们越不能乱了阵脚，越要脚踏实地打基础，抖落浮躁的尘埃。习近平总书记指出，领导干部做事浮躁，祸国殃民，贻害无穷。眼下，个别领导干部急功近利、好大喜功、不求深入，滋生了不少"浮躁病"，使喧嚣代替了宁静、浮华代替了朴实、追风逐浪代替了独立思考，贪图虚名，不求实效，甚至劳民伤财。博学之，慎思之，笃行之，这是领导干部抵制浮躁心理的一剂良方。领导干部要放下架子、沉下身子、迈开步子、潜心研究、夯实基础，克服"本领恐慌"，讲奉献、有作为，为党和人民干出实实在在的业绩。

如果这世界上真有奇迹，那就是努力的另一个名字；任何的收获不是巧合，而是每天坚持努力的结果。鲁迅先生曾说："哪里有天才，我是把别人喝咖啡的工夫都用在工作上的。"努力是通往成功的唯一路径，如果只站在起点处而不知努力，即使计划的蓝图绘得再完美，也只能是南柯一梦。习近平总书记强调："要做起而行之的行动者、不做坐而论道的清谈客，当攻坚克难的奋斗者、不当怕见风雨的泥菩萨。"领导干部需要用责任去诠释奋斗，做一个脚踏实地、勇于担当的人，胸怀以天下为己任的抱负，既能想大问题，又能做小事情，砥砺奋斗，获取成功。

生命需要保持一种激情，这种激情能让你以不可阻挡的步伐走向成功。激情能激发出一个人所有的智慧和潜能，进而产生强大的内驱力。一个人要成就一番事业，在于有肯干事的激情、敢试敢闯敢于创新的气概、不达目的不罢休的韧劲。领导干部要时刻有热血澎湃、如坐针毡、疾起奋进的感觉，有躺着想事、坐着议事、站着干事的冲动；要有闯的魄力、抢的意识、争的劲头、拼的勇气，以火一样的激情投入工作，锐意进取，奋勇当先，争创一流。

22 光听表扬肯定的好话，不喜欢听那些批评的意见建议，是犯了主观片面的毛病

《成长的力量》里说："批评，是潜意识里对爱的表达。"毛泽东同志也曾说："批评我们就是帮助革命。""人非圣贤，孰能无过。过而能改，善莫大焉。"批评是一个让人知错的过程，无论是对于一个执政大党，还是对于一名领导干部，批评都是一种帮助。让批评如同一盆"凉水"泼过来，让领导干部保持清醒，才能够及时地弥补自己的不足，少犯错误。所以，领导干部要敢于接受批评，勇于承认错误，真诚采纳诤言，把名利看得淡一点儿，把工作看得远一点儿，这样才能蓄足做人的底气、永葆进取的朝气、涵养工作的灵气、彰显处事的大气。

敢批评自己的人才是贵人。《说文解字》解释说："诤者，止也，止其失也。"敢于直言、劝阻你过失的朋友才是最希望你有所发展、有所作为的人。好听的假话，蛊惑人心；难听的真话，方能让人警醒。没有批评，不代表没有缺点，若无人指出，只会越陷越深。领导干部，但凡有人批评自己，一定要珍惜，要做到海纳百川、有容乃大，再刺耳的忠言，也要听进心里、落实到行动上。学习批评者的胸怀坦荡、光明磊落和真诚待人，永远保持头脑清醒，确保自己言有所规、行有所止，在人生路途中不失航向。

听取意见要带"两个耳朵"。人人都爱听肯定、表扬的话,这是人之常情,但是真正能让人成长的其实是批评。如果听取意见只带一个耳朵去听,光听表扬肯定的好话,不喜欢听那些批评的意见建议,从思想方法来分析,是犯了主观片面的毛病,不能全面客观地认识自己、看待工作。如果听不进批评,就看不到缺点,看不到缺点就会产生骄傲情绪,甚至"独裁"思想,以致走向人民群众的反面。不愿意听取和采纳别人的批评意见,就听不到不同意见,特别是尖锐的批评意见,如果只听得到恭维、奉承的话,老是自我感觉良好,那就危险了。面对批评,不但要听得进,还要入得心,应当心存感激,"有则改之,无则加勉",才能永葆党员的先进性,才有工作中不竭的原动力,才会开创出工作的新局面。

23 批评他人"不怕辣",自我批评"怕不辣",接受批评"辣不怕"

习近平总书记强调:"对批评和自我批评,不能持有偏见,也不能心有余悸,而要本着对自己、对同志、对班子、对党高度负责的精神,大胆使用,经常使用,使之越用越灵、越用越有效。"批评与自我批评是中国共产党的三大作风之一。党内批评是解决党内矛盾、坚持真理、修正错误的基本方法,是在马克思主义原则基础上巩固和加强党的团结,加强党内监督,保持党的肌体健康,使党充满生机和活力的有力武器。

做干部必须**作风硬**

若批评不自由，则赞美无意义，不能搞无原则的一团和气。开展批评首先要把好思想上的"总开关"，在思想上要不怕对别人太"辣"。现在，有些党员干部对开展批评多多少少有些忌讳，有的人认为与己无关不想讲，有的人怕穿小鞋不敢讲，有的人认为人微言轻不愿讲，凡此种种都是思想上批评他人怕"辣"的畏难情绪表现。"辣味十足"方能出汗排毒，没有"辣味"的批评必然会流于形式，也不利于党内民主。因此，批评他人必须要有"不怕辣"的勇气，出以公心，敢于较真，敢于揭短亮丑，只有这样才能真正触及灵魂、取得实效。

坚持刀刃向内，敢于直面问题，勇于自我革命，是一种自信，更是一种境界。"怕不辣"才有动力开展批评，"怕不辣"才有魄力揭短亮丑。要做到"怕不辣"，就是要有"不怕批评多，就怕话不辣"的宽阔胸襟，主动找"辣"，主动征"辣"，拒受礼炮、拒绝哑炮、拒放空炮。特别是领导干部，更要有"向我看齐，对我开炮"的豪气，以诚恳、真挚的态度，敞开言路，广收"辣"言，让批评的"炮火"更响亮、更有效，真正达到红红脸、加加油、鼓鼓劲的效果。

批评你的人，今天你视其为敌人，明天成为你的朋友；吹捧你的人，今天你视其为朋友，明天成为你的敌人。面对"辣味十足"的批评，有的领导干部一时还不太适应，对充满"辣味"的批评心有余悸、心存芥蒂，怕批评"太辣"会伤和气，会收不了场，对接受"辣言"还有思想障碍，认为别人是故意刁难自己；有的存在"闯关"心理，认为过了这一关，"辣"了这一回后，就万事大吉了，从此不再碰"辣"、不再尝"辣"。只有接受批评才能排泄精神的一切渣滓,只有听取他人的意见才能给精神以新的滋养。忠言逆耳利于行,批评有"辣"才见效,要用好批评与自我批评这一长期有力的武器,就是要有"辣不怕"的底气,越"辣"越要说,越"辣"越爱听,这样才能达到提神醒目"治治病"的效果。

24 不要有官气,不要打官腔,不要有傲气,不要耍脾气

河南内乡县老县衙有一副对联:"得一官不荣,失一官不辱,勿道一官无用,地方全靠一官;穿百姓之衣,吃百姓之饭,莫以百姓可欺,自己也是百姓。"对领导干部来说,"自己也是百姓"的政治命题,必须要通过"从群众中来,到群众中去"的群众路线来体现,必须用"权为民所赋,权为民所用"的执政理念予以诠释,让"衙门味"淡一些,让"烟火气"浓一些。

官气与形式主义官僚主义往往如影随形。 居官谋公、为民造福、奉献社会、利在千秋,才是为政之幸福。走出官本,坚守民本,才能不忘本;少些官气,多些民气,才能聚人气。领导干部要用雷厉风行处理难题,写下迎难而上、勇挑重担的篇章;要树立规矩意识,强化责任担当,化身低调履职的典范,勿做居高临下的蛀虫,涵养天下兴亡、匹夫有责的情怀;要勤修实干内功,练就过硬本领,擦亮敬业奉献的名片,争抢主动作为的特权,永葆为官一任、造福一方的初心。

讲话要像"话",要讲百姓爱听的"大白话"。 毛泽东同志曾经

痛斥"打官腔"，称其是"不负责任，到处害人"。打官腔是官僚主义的主要表现之一，人民群众极为反感。习近平总书记也强调，克服和纠正干部身上的官僚主义，最重要的就是要走到人民群众中去，与老百姓打成一片，就是要去掉"官腔"、脱掉"官服"、褪掉"官气"，还原本色、回归本真。领导干部要摆正个人位置，消除特权思想，摒弃拿腔作调，了解群众生活，接受群众语言，以温言细语宣传政策、解答困惑。

傲气是一击即破的"空心气球"。领导干部身上一旦有了傲气就会飘飘然起来，做事容易独断专行、容易脱离实际，容易自我毁灭；傲气发展到一定阶段，甚至会狂妄自大、目中无人，进而忘记初心使命，忘记理想信念，背弃党性原则，以致影响党和国家的事业，影响地方经济社会发展。领导干部一定要摒弃高人一等的特权思想，做到为人谦虚谨慎、做事正直坦荡、工作认真负责，对领导不卑不亢、对同事谦逊有礼、对群众热情有加，内有傲骨，外有和气，给人一种如沐春风、若临秋水的美好感受。

官升脾气长，贪重祸端多。左宗棠年轻时脾气火爆，但是随着他官位越来越高，脾气却越来越小，和蔼可亲、平易近人。后来他说出其中玄机："穷困潦倒之时，不被人欺；飞黄腾达之时，不被人嫉，才是人生的大智慧。"当下有些领导干部高高在上，动不动摆官架子，耍官威，发脾气，一调研、检查、开会就骂人，官不大，脾气却不小。要学习左宗棠反其道而行，官位坐得越高，反而脾气越小，容人容事的胸怀越广阔，切不可在老百姓面前"抖威风""耍官威"。

第二篇

过硬的求真务实 勤奋落实作风

25 少一分个人得失的计算,就能多一分知重负重、攻坚克难的奋发有为;少一分名缰利锁的束缚,就能多一分敢于负责、勇于担当的闯劲干劲

功过得失、名利诱惑,最能考验一个人的格局与担当。习近平总书记强调:"干部就要有担当,有多大担当才能干多大事业,尽多大责任才会有多大成就。"我们党走过百年伟大征程,之所以能够从容越过急流险滩、穿过惊涛骇浪、克服艰难险阻,靠的是无数革命先烈前赴后继、不计得失,靠的是党带领人民自力更生、艰辛探索。进入新时代,立足新发展阶段,领导干部更要以"闯"的精神、"创"的劲头、"干"的作风,"不畏浮云遮望眼","乱云飞渡仍从容",攻坚克难、砥砺前行,奋力开创高质量发展新局面。

求名心切必作伪,求利心重必趋邪。名和利本身不是坏东西,追求名利是每个人的正常愿望,关键是要正确对待它们。如果苦苦追索,过分关注个人得失、功名利禄,必然会被其所累、所害。个体立于天地之间,是汲汲于一时之得失、蝇头之名利,还是着眼崇

高目标、思虑公共利益,最能彰显人的思想情操。杨善洲"只要生命不结束,服务人民不停止",廖俊波"帮老百姓干活、保障群众利益,怎么干都不过分",最终赢得人民的认可。时间不语,却能铭刻奋发作为与担当干事。党员干部要正确对待名与利,少一些个人得失的算计,少一些名利的牵挂,把全部心思投入干事创业中,以实干情怀书写担当作为的精彩篇章。

计利当计天下利,求名应求万世名。毛泽东同志在17岁离家求学之际,写下了豪情万丈的"埋骨何须桑梓地,人生无处不青山";周恩来同志在少年求学时,就立志"为中华之崛起而读书"。正是这样的宏伟志向,激励着一代又一代的革命者顽强拼搏、不懈奋斗,成就了彪炳史册的壮丽伟业。当下,一些领导干部急于创造政绩,热衷于大呼隆、大场面,做点事生怕别人看不见;有的只讲"面子"不看"里子",不注重细节建设;等等,这些皆难逃形式主义窠臼,折射着功利主义心态。领导干部要传承老一辈革命家身上展现的忠诚、执着、朴实的鲜明品格,把能够为党和人民服务作为自己的最高目标,在关键时刻站得出来、冲得上去、办得成事。要舍小家为大家,舍小我为大我,用无怨无悔的实际行动,诠释共产党员的初心使命。

26 埋头苦干,是作风,是担当;务求实效,是标尺,是准星

大道至简,实干为要;空谈误国,实干兴邦。社会主义是

干出来的，新时代也是干出来的，不干半点马克思主义都没有。习近平总书记强调："面向未来，全面建成小康社会要靠实干，基本实现现代化要靠实干，实现中华民族伟大复兴要靠实干。"长风过隘口，奋斗正当时。越是接近目标，越是形势复杂，越是任务艰巨，越需要领导干部真抓实干、埋头苦干，务求实效，才能将憧憬变为现实。

"埋头"才能攻坚克难，"苦干"才能梦想成真。埋头苦干是成就一切事业所必须具备的基本态度。邓小平同志曾说，少说空话，多做工作，扎扎实实，埋头苦干。鲁迅先生也曾对埋头苦干者给予赞扬："我们从古以来，就有埋头苦干的人，有拼命硬干的人，有为民请命的人，有舍身求法的人，……虽是等于为帝王将相作家谱的所谓'正史'，也往往掩不住他们的光耀，这就是中国的脊梁。"干事创业的成功秘诀之一绝对是事成之前不发一言，埋头苦干，事成之后保持低调，不夸夸而谈。习近平总书记指出："如果不沉下心来抓落实，再好的目标，再好的蓝图，也只是镜中花、水中月。"焦裕禄同志就是埋头苦干的好榜样，他坚持老实做事的作风，一年多时间跋涉了5000余里、调研走访了兰考县120多个生产大队。埋头苦干，容不得任何华而不实的浮躁，须扫除一切形式主义的虚招。对领导干部来说，练就埋头苦干的作风与担当，就要牢记职责使命、专心致志做事，戒浮戒躁戒虚、求真求实求本，越是形势复杂、任务艰巨，越是知责于心、担责于身、履责于行，以"咬定青山不放松"的心态安心、安身、安业，把心思和精力用在埋头干事创业、造福于民上。

做干部必须**作风硬**

不在"虚"上用力,只在"实"上用功。习近平总书记反复告诫领导干部"不受虚言,不听浮术,不采华名,不兴伪事",要转变工作作风,坚持实事求是,在务实功、求实效上下功夫,力戒形式主义、官僚主义。然而现实中,不乏慕虚荣、务虚功、图虚名的干部。有的重"唱功"不重"做功",喜欢造"典型"、建"盆景",搞轰轰烈烈的"大手笔",提有"轰动效应"的空口号;有的"坚决落实""保证完成"喊得比谁都响,结果却是"只听楼梯响,不见人下来",临事而怯、遇难则退。总之,就是只在"虚"上用力,不在"实"上着手,不解决关系群众切身利益的难题,不关心一个地方改革发展的大事。领导干部务求实效就要树立正确的权力观、政绩观、事业观,大兴求真务实之风,坚持讲实情、出实招、办实事、求实效,勤勉敬业、真抓实干、精益求精,少说些漂亮话,多做些日常平凡事,少唱些政治高调,多注意平凡但又生动的实践,才能创造出经得起实践、人民和历史检验的实绩。

27 立说立行、说干就干的高效作风;干则必成、干则必优的务实作风;一身正气、胸襟坦荡的勤廉作风

高效,是执行力过硬,讲求效率、杜绝拖沓;务实,是坚持实事求是,重实际、办实事、求实效;勤廉,是恪尽职守、勤勉勤恳、清正廉洁、两袖清风。作风就是战斗力,我们党之所以能保持持久战斗力,正是依靠广大党员干部高效、务实、勤廉的工作作风,将

各项政策一抓到底,才能把蓝图变为现实,把愿景变为实景。但当下,仍有一些领导干部作风漂浮,有的思想上故步自封、行动上停滞不前,慵懒散拖、得过且过;有的工作浮于表面,热衷搞形象工程,喊口号、装样子;有的当官做老爷,思想被歪风邪气侵蚀,高高在上、颐指气使。这些现象虽表现形式各不相同,但归根结底都是放松了自身作风建设,政绩观、事业观、权力观扭曲造成的,千万不可掉以轻心。

空说千百回,不如马上办。习近平总书记指出,要大力提倡"马上就办"的工作精神,讲求工作时效,提高办事效率,使少讲空话、狠抓落实进一步形成风气、形成习惯、形成规矩。眼前有了繁花,不等于手中就有了鲜蜜。面对稍纵即逝的发展机遇,如果不去抓、不去做,不讲究抓的效率,则将一事无成、尸位素餐。坐而论道不如起而行之。要将"立说立行、说干就干"的高效作风始终贯穿于各项工作中,在保证高质量完成工作的同时,抢抓一个"早"字,体现一个"快"字,不断提高办事效率和服务水平。

务求实效,才能干出成效。习近平总书记强调,要从实际出发谋划事业和工作,使点子、政策、方案符合实际情况、符合客观规律、符合科学精神,不好高骛远。凡事兴于实、败于虚。只有把务实精神贯穿于干事创业始终,才能准确把握好发展大势和方向,拿出实实在在、有效管用的办法措施破解难题、成就事业。要秉持求真务实的作风,办实事不图虚名、求实效不做虚功,把嘴上说的、纸上写的、会上定的,变为具体的行动、实际的效果,在真抓实干中出实招,竭尽全力把各项工作向前推,创造出经得起实践、历史、人民检验的实绩。

廉不言贫涵正气，勤不道苦扩胸怀。廉者不言自己清贫，自然能涵养一身正气，勤者不怨自己辛苦，自然会拥有宽广的胸怀。"有勤无廉，政失于公；有廉无勤，政失于惰"，廉勤双修方能作风优良，行稳致远。要做耐得住清贫的"廉官"，时刻保持清醒头脑、洁身自好，自觉净化朋友圈，远离和抵制各种诱惑，不贪赃枉法、不以权谋私、不取不义之财。要做吃得了苦中苦的"勤官"，撸起袖子、甩开膀子、扑下身子，苦干实干、夙夜在公，像"老黄牛"一样躬耕不倦，像"拓荒牛"一样进取不息，像"孺子牛"一样奉献不止，在岗一分钟、奋斗六十秒，用自己的辛勤汗水换取群众的满意笑容。

28 发扬严谨务实、精细高效、争分夺秒的精神，践行埋头苦干、雷厉风行、勤奋努力的工作理念，坚决克服畏难情绪、不思进取心态，坚决杜绝"看一看、拖一拖、等一等"的作风

一个人的精神、理念、心态、作风，决定了其事业能否成功。如果领导干部的精神紧不起来、心态强不起来、作风实不起来，就会坐失良机，耽误一方发展。作风就是形象、作风就是生命，作风跟不上，一切都跟不上。只有始终保持永不懈怠的精神状态和一往无前的奋斗姿态，才能抓好各项工作落实。

小事做精致，才能大事做精彩。凡事往认真处想，细微之处见真功。领导干部做每一件事都要发扬严谨务实、精细高效、争分夺秒的精神，对待事情要始终保持严谨的工作态度，不心浮气躁、不浮皮潦草，发扬工匠精神，下足"绣花"功夫，把自己岗位上、自己手头中的事情做精细、做精准、做精深，用心、用情、用力，严肃严格严谨对待工作，一丝不苟、精益求精，争分夺秒地把工作干好、干到极致，于细微之处见风范，于毫厘之优定乾坤。

一门心思务实功，不遗余力求实效。邓小平同志曾指出，不干，半点马克思主义都没有。领导干部要发扬埋头苦干、真抓实干的优良传统，把心思用到干工作上，把劲头用到抓落实上，以想干凝聚力量、以肯干提升境界、以敢干展示气魄，多到艰苦的、困难突出的、矛盾复杂的地方去干事，始终勤勤恳恳、兢兢业业，保持迎难而上、临危不惧的工作状态，紧要关头挺身而出，坚持出实招、求实效，以雷厉风行的工作理念攻坚克难，做实做好各项工作。

人难我难莫畏难，事不避难向前行。千难万难，畏难才真难。领导干部要克服畏难情绪，如果一味地害怕困难、回避矛盾，不思进取，各项工作将停滞不前，最终一事无成。唯其艰难，才更显勇毅；唯其笃行，才弥足珍贵。做难事方能成大业，畏难苟安不是领导干部应有的品质。领导干部面对曾经许下的誓言、肩上应扛的责任、脚下要走的道路，不管多么艰辛，都要积极进取，直面困难，迎难而上，找准问题症结，不畏难、不惧难，才能破解难题，推动工作顺利开展。

做干部必须**作风硬**

一等二靠三落空，一想二干三成功。天上不会掉馅饼，唯有努力奋斗才能创造幸福生活。云南西畴人正是靠着"搬家不如搬石头，苦熬不如苦干；等不是办法，干才有希望"的精神，在石旮旯里劈出了致富路。如果领导干部遇到问题就产生"看一看、拖一拖、等一等"的思想，怀着先看别人怎么做、拖着看情况行事或是等着别人来解决等一些不良作风，老想着事事摆一摆、放一放，最终小事拖大，大事拖炸，拖垮了事业，拖坏了作风，把自己也拖进了火海。领导干部要根除"拖延症"，树立强烈的时间观念和效益观念，以"等不起"的紧迫感、"慢不得"的危机感、"坐不住"的责任感，撸起袖子加油干。

29 弘扬极端负责、严谨细致的作风，弘扬崇尚实干、狠抓落实的作风，弘扬精益求精、坚持一流的作风，弘扬不计得失、甘于奉献的作风

作风问题至关重要，好作风确保好的工作效果，能更好地推动社会发展，关系着事业的成败。领导干部无论做什么工作，都应当弘扬党的光荣传统和优良作风，秉持好的作风干事创业，脚踏实地干、一点一滴干，高标准、严要求，实事求是地干，才能推动工作高质量地完成。作风是群众观察党风的"晴雨表"，作风是组织检验干部党性的"参照物"。领导干部的工作作风建设，是党的作风建设的重要组成部分，也是新形势下做好各项工作的重要保证。

作风问题无小事，作风本质是党性。党和人民事业踏上全面建设社会主义现代化国家新征程，唯有弘扬优良传统、传承好作风，持续改进作风，才能以更好的作风保障社会主义事业开好局、起好步。领导干部作为"关键少数"，在弘扬党的光荣传统和优良作风时，应起到模范带头作用，通过树立榜样，极大地带动一般干部和普通党员形成优良作风；领导干部作风建设中滋生不良现象，就会给党带来不良影响，毁坏党的形象。因此，领导干部抓作风建设应久久为功、永不停息，一代接一代地弘扬和传承优良的作风。

没有实打实的作风，就难有实打实的作为。习近平总书记强调，把好传统带进新征程，将好作风弘扬在新时代。不论过去、现在还是将来，党的光荣传统和优良作风都是激励我们不畏艰难、勇往直前的宝贵精神财富。党要得到人民群众的支持和拥护，就必须发扬光荣传统和优良作风，依靠和运用这一法宝，干好每一件事情。领导干部要自觉把责任扛在肩上，弘扬极端负责、严谨细致的工作作风，勤勉敬业，像老黄牛一样心无旁骛、勤恳踏实，始终用一丝不苟、认真细致的态度去对待工作，甘心为工作吃苦、为群众吃苦、为事业吃苦；要牢记"空谈误国、实干兴邦"的警句，弘扬崇尚实干、狠抓落实的工作作风，真抓实干，以实的作风、实的举措，抓实问题、开实药方，实实在在解决问题，不断把事业向纵深推进；要树立"出精品是尽职，出次品是失职，出半成品是不称职"的理念，弘扬精益求精、坚持一流的工作作风，提高精准理解、精准发力、精准落实能力，克服和防止"马大哈"的态度、"差不多"的标准、"过得去"的作风，把每一项工作都做成精品，在细节中显水平；要以焦裕禄、张富清、张桂梅等老一辈革命家和新时代楷模为榜样，弘扬不计得失、甘于奉献的作风，做到坦然面对得失。

30 强化"关键看行动"的思想，对安排部署给自己的每项工作任务，认真研究落实办法，养成"当面听指示，转身抓落实"的好作风

抓落实是领导干部的重要职责和基本素质，也是态度、职责和能力的一种实际体现。决策再科学，不执行是白搭；政策再好，不落实是白费。千忙万忙，不抓落实就是瞎忙；千招万招，不能落实就是空招；千条万条，不去落实就是"白条"。领导干部只有拿出真抓的实劲、善抓的巧劲以及"马上就办"的作风，才能更好地把各项工作落到实处、抓出成效。

苗栽不实则亡，树植不实则枯。"假沸"是指豆浆中的皂素受热膨胀产生泡沫，使人误以为豆浆已经烧开，人喝下很容易中毒。那些慢落实、假落实，甚至不落实的领导干部，就好似"假沸"的豆浆。邓小平同志曾强调，"少说空话、多干实事"，凡事都"要落在实处"。江泽民同志也说过，"不要在层层表态、层层开会、层层造声势上做文章，而要在层层抓落实、层层抓解决问题上下功夫"。古往今来，凡事成于真、兴于实，败于虚、毁于假。领导干部定下

的事、看准的事、形成共识的事，要马上办、坚决办、坚持不懈地办，坚决克服把"说了"当作"办了"、"办了"当作"办结了"、"办结了"当作"办好了""群众满意了"的官僚主义和形式主义新表现。

良弓在手，贵在速发。落实力强的首要表现就是有"马上就办"的工作劲头和行事风格，拿起真抓实干的"金刚钻"，以坐不住、等不起的责任心，做到传达"零延误"、启动"零延迟"，在最有限的时间取得"立竿见影"的效果。"马上就办"，重在"马上"，要的是"说干就干、雷厉风行"的作风，领导干部要做到例行性工作往前赶、临时性工作马上办，问题不解决不撒手、落实不到底不松手，能解决的马上研究解决，能拍板的立刻会商拍板，难度大的拿出方案，明确责任人，列出时间表。"马上就办"，"办"只是过程，"办成"才是目的，领导干部要带着感情去工作，多站在百姓立场想问题，多倾听民声改进工作，才能真正做到办一件事成一件事，让人民群众满意。

落实分轻重缓急，推进要蹄疾步稳。抓落实，就是要一个目标一个目标分解，一件任务一件任务落实，一个节点一个节点推进。对各级领导干部而言，抓落实，不仅要有正确的态度和坚定的毅力，更需要以系统周密、科学合理的方法，把工作抓具体、抓细致、抓扎实，特别是要分轻重缓急，正确处理好"重点抓"与"一般抓"之间的关系：一方面，紧盯群众期盼的、发展急需的、影响全局的工作，集中工作精力和资源，下狠劲、用实劲、使巧劲，突出重点强力推进；另一方面，合理安排工作，合理分配精力和资源，

在保证重点工作实现突破的同时，兼顾一般工作整体推进，确保一般工作不漏项、不拖后腿。

31 在抓实抓细抓落地中锤炼作风，在用心用情精准施策中砥砺担当

思想是行动的先导，作风是成事的保证。同一件事情不同的人去做会有不同的结果，关键原因就是思想观念、工作作风不同，有实干、为民作风的干部，会用心服务群众、自觉把工作做好；私心重、作风不实的干部，工作的结果必然是民怨沸腾、一塌糊涂。干事创业成效与作风建设成果紧密联系、相互作用，只有真抓实干、砥砺担当才能锤炼过硬的作风，只有作风严实、用心用情，才能确保干在实处、走在前列。

成事必有其道，干事须得其法，要做实做细做好。习近平总书记强调，"干部干部，要干字当头。这既是职责要求，也是从政本分"。"宝剑锋从磨砺出，梅花香自苦寒来"，锤炼作风的不二法则就是真抓实干、砥砺担当，做到"实""细""好"。"实"就是抓实目标。古人云，"思深方益远，谋定而后动"，凡事要先确定好目标，目标就是奔头、有的才能放矢，工作目标明确，才会有务实作风。"细"就是抓细行动。做事光有目标不行，"道虽迩，不行不至；事虽小，不为不成"，有了目标还要有扎实的行动，不管多大的事，都是由一件件小事、一个个细节组成的，俗话说"细节决定成

败",领导干部要锻炼见微知著的本领,善于从小事做起、在细节中把握决定成败的关键。"好"就是抓好效果。"行动被人们遗忘,结果却将永存",有了目标和行动,还需要注重结果导向,习近平总书记指出,"要在抓落地见实效上加大力度、加快进度、拓展深度",喊口号是空的,说好话是假的,干出效果来才是真的。

使命意识不可无,精准意识不可缺,要尽心尽职尽责。"取乎其上,得乎其中;取乎其中,得乎其下;取乎其下,则无所得矣。"抓工作要做到高标准、严要求、真落实。领导干部要以百姓心为心,做到"真""准""担"。"真",就是付出真心真情。习近平总书记强调:"领导干部必须增强仁爱之心,当好人民群众贴心人,及时解决群众所急所忧所思所盼。"只有把群众的事当自己的事,真心关注群众疾苦,才能真正做到"一枝一叶总关情"。"准",就是精准精确。俗话说"牵牛要牵牛鼻子",办实事的关键在于为群众打通堵点、消除痛点、化解难点。解决问题的第一步是找准问题,群众急难愁盼什么,我们就解决什么,群众需要什么,我们就干什么,对群众诉求做到及时响应、精准服务、系统解决。"担",就是要担职担责。中国共产党人的初心和使命,就是为中国人民谋幸福,为中华民族谋复兴。俗话说"得黄金百斤,不如得季布一诺",承诺的价值就是说到做到,要言而有信,让初心落在行动上、使命担在肩膀上。习近平总书记指出:"广大党员、干部要在经风雨、见世面中长才干、壮筋骨,练就担当作为的硬脊梁、铁肩膀、真本事。"在干事创业的过程中诚实守信、主动担当、积极作为。

32 好的作风从实干中来,好的办法从实践中来

世界的本源是物质的。物质决定意识,意识是对物质的反映。正确的意识能够指导人们有效地开展实践活动,促进客观事物的发展;错误的意识则把人们的活动引向歧途,阻碍客观事物的发展。好的作风、好的办法不是天生的,而是从实干、实践中摸索、探寻出来的,要形成好的作风就得踏踏实实地干事,要得到好的办法就要反反复复地实践。

烈火炼真金,作风靠打拼。作风是指在思想、工作和生活等方面表现出来的比较稳定的态度或行为风格。好作风不是天上掉下来的,也不是一天两天突然冒出来的。从石库门到天安门,从兴业路到复兴路,100多年来,我们党团结带领人民浴血奋斗、发愤图强、改革开放,中华民族迎来了从站起来、富起来到强起来的伟大飞跃。我们党在团结带领人民取得革命、建设、改革的伟大成就的同时,也在挫折与失败的磨难中,在血与火的生死考验中,千锤百炼形成了一整套优良作风。实干形成好的作风,好的作风在实干中得到弘扬。坐而论道、夸夸其谈,没有经过急难险重任务的考验,就不能形成好的作风。凡事贵在行动,重在实干。领导干部要涵养实干的品格,葆有实干的姿态,在实干中培育并坚持好的作风、抵制并纠正坏的作风。

实践出真知,实干砺心智。实践是人类认识客观世界的唯一方法,是一切知识和智慧的本源,也是解决一切问题最现实、最便捷的途径和方法。毛泽东同志曾说:"我们的任务是过河,但是没有桥

或没有船就不能过。不解决桥或船的问题，过河就是一句空话。不解决方法问题，任务也只是瞎说一顿。"办法从哪里来？办法从实践中来。在兰考抗击风沙的过程中，焦裕禄住在农民的草庵子里，蹲在牛棚里与人交谈，通过不断摸索、不断实践，终于找到了治理风沙的办法，让盐碱地生长出绿荫成片的"焦桐"。解决问题的良策妙方，就在群众中、就在实践中。当前，改革进入深水区和攻坚期，越是碰到疑难复杂的问题，越要沉心静气研究解决问题的办法。领导干部要把实践当作最好的老师，深入基层、深入实际、深入群众调查研究，掌握第一手资料。通过交换、比较、反复，得出正确的结论，及时上升为决策部署，转化为具体措施，破解瓶颈、开创新局。

33 求真务实，是共产党人的精神品质；真抓实干，是干事创业的不二法门

求真务实、真抓实干，体现了共产党人尊重客观规律的科学态度和脚踏实地干事创业的求实精神。唯有求真务实、真抓实干，才能不断创造经得起实践、人民和历史检验的实绩。习近平总书记强调："做好党和国家各项工作，关键在求真务实、真抓实干。"领导干部既要在求真上下功夫，更要在务实上做文章，讲实情、出实招、办实事、求实效，决不搞华而不实、劳民伤财的"形象工程""政绩工程"。

做干部必须作风硬

求真才能求实，务实才能高效。求真务实是对马克思主义哲学特别是认识论精神实质的精辟概括，求真务实是党的活力之所在，也是党和人民事业兴旺发达的关键之所在。所谓"求真"，就是"求是"，是人们依据解放思想、实事求是、与时俱进的思想路线，去不断地认识事物的本质、把握事物的规律；所谓"务实"，则是人们在这种规律性认识的指导下，去做、去实践。求真与务实的统一，是马克思主义认识论的必然要求和本质体现，是共产党人的重要思想方法和工作方法。中国特色社会主义进入新时代，正确认识和解决面临的突出矛盾和问题，迫切要求我们大力弘扬求真务实精神，大兴求真务实之风。坚持求真务实，必须在新阶段的新实践中认识真理、把握规律，用发展着的马克思主义指导新的实践，用新的实践丰富和发展马克思主义；必须从实际出发谋划事业和工作，使我们的点子、路子、政策、方案符合实际情况、符合客观规律、符合科学精神，做到不好高骛远，不脱离实际。

真抓才能攻坚克难，实干才能梦想成真。一分耕耘，一分收获。真抓实干，是推动一切工作落到实处的关键。邓小平同志反复强调，少说空话，多干实事。他曾经指出，深圳发展这么快，是靠实干干出来的，不是讲话讲出来的，不是靠写文章写出来的。一切人间奇迹都是干出来的。正是靠全国上下艰苦卓绝的努力，让我们在短时间内控制住了新冠肺炎疫情的蔓延；正是靠亿万人民胼手胝足的实干，让我们书写了最成功脱贫故事。实现现代化要靠实干，中华民族的伟大复兴更要靠实干。坚持真抓实干，就是要脚踏实地、埋头苦干，抓铁有痕、踏石留印，敢于担当责任、勇于直面矛盾、善于解决问题，努力创造经得起实践、人民和历史检验的实绩；就是要切实改进作风，不耍花拳绣腿，不搞繁文缛节，不做表面文章，力戒形式主义、官僚主义。

34 坚持求真务实、真抓实干，重在一个"真"字；坚持求真务实、真抓实干，贵在一个"实"字

"真"与"实"二字都含有与客观事实相符合的意思，是辩证唯物主义和历史唯物主义一以贯之的科学精神。我们党的思想路线，就是坚持一切从实际出发，理论联系实际，实事求是，在实践中检验和发展真理。党员干部必须求真务实、真抓实干，在工作中讲实话、出实招、办实事、务实效，杜绝弄虚作假。

千教万教教人求真，千学万学学做真人。做事就得出真招、下真功，动真格、硬碰硬，不然不能干成事。当干部，就要饱含真感情，把群众的冷暖、疾苦时刻放在心上，眼中看着事、心里想着事、手上做着事，真心实意为群众办好事；把握真规律，坚持马克思主义的指导地位，运用马克思主义的立场、观点、方法推动工作，坚持一切从实际出发，尊重客观规律，不好高骛远、不脱离实际、不劳民伤财；肯出真力气，知重负重、攻坚克难、任劳任怨、尽心竭力，把每件事做成、把每项工作干好。解决真问题，直面党员干部群众关切的重点难点热点问题，真刀真枪、较真碰硬，真解决问题。

做干部必须**作风硬**

凡事兴于实，要讲实话出实招办实事。"天下之患，莫大乎任事者好为虚伪""纸糊的鲜花怕雨水""刷金的菩萨不经擦"，实功虚做最终只会害人害己。领导干部要在"实"字上做文章，讲实话，坚持真理，秉公直言，"一是一、二是二"，如实、全面、准确地反映情况，不夸大成绩，不掩盖矛盾，敢于揭露问题；出实招，深入群众，掌握实情，厘清思路，从实际出发，从群众利益出发，作出民主、科学、正确的决策；办实事，用心用情用力解决基层的困难事、群众的烦心事，把好事办实，把实事办好，办到群众心坎上；求实效，把每一项任务落实到位，确保有质有量、高质高效。

35 凌空蹈虚，难成千秋之业；求真务实，方能善作善成

实践的观点是马克思主义的根本观点。马克思说过，哲学家们只是用不同的方式解释世界，而问题在于改变世界。习近平总书记指出，要把抓落实作为开展工作的主要方式。党员干部对党忠诚，就要狠抓落实；对人民负责，就要狠抓落实；对事业执着，就要狠抓落实。当干部必须带头抓落实，拿出真招实招来，切实把各项任务落到实处。

落实才是务实，落实才有作为。说在嘴上、写在纸上，不去落实，终究会落空。魏晋时代，风流名士以清谈为风尚，被王羲之砭为"虚谈废务，浮文妨要，恐非当今所宜"，后人更是批评两

晋亡于清谈。甲午海战后,有历史学家研究《清军操练纪要》后指出:"如果操练计划有一半落到实处,战场情景都可能反转。"落实与落空一字之差,其结果却是"阴阳割昏晓"。习近平总书记强调:"如果不沉下心来抓落实,再好的目标,再好的蓝图,也只是镜中花、水中月。"当前,一些领导干部在工作中不同程度存在落实不深、落实不细、落实不力甚至选择性落实、表面落实、虚假落实的情况,不重视抓落实、不敢于抓落实、不善于抓落实,工作浮于表面,与新时代新阶段的任务要求格格不入。领导干部要用行动践行初心使命,切实解决好事业发展面临的实际问题,防止用形式代替内容、用过程代替结果,防止工作表面化、娱乐化、庸俗化。

以实心行实政,以实干求实效。说了不等于做了,做了不等于成了。干工作既要善于做事,更要善于把事做成。习近平总书记指出:"形式主义实质是主观主义、功利主义,根源是政绩观错位、责任心缺失,用轰轰烈烈的形式代替了扎扎实实的落实,用光鲜亮丽的外表掩盖了矛盾和问题。"没有落实,只会落空。抓工作就要抓实。领导干部要拿出真抓的实劲,把讲认真贯彻到一切工作中去,抓铁有痕、踏石留印、干就干好、务求实效;要拿出善抓的巧劲,未雨绸缪、提前谋划、聚焦重点、精准发力,一级抓一级、层层抓落实,件件有着落、事事有回应,确保干一事成一事;要拿出常抓的韧劲,发扬钉钉子精神,有干劲、有韧劲、有动力、有定力,抓常抓长、久久为功。

36 路要去走才能开辟通途,事要去做才能成就事业

习近平总书记指出:"一个国家、一个民族要振兴,就必须在历史前进的逻辑中前进、在时代发展的潮流中发展。"历史的大江大河奔腾向前,谁也无法阻挡。同困难作斗争,用实干铸就辉煌,是物质的角力,也是精神的对垒。只有大胆地闯、大胆地干,才能推动改革开放向纵深发展,为实现社会主义现代化和中华民族伟大复兴"杀出一条路"。

为之,则难者亦易矣;不为,则易者亦难矣。顶着风险进、迎着困难上,才能最终战胜困难、赢得胜利。40多年来,在党中央坚强领导和全国大力支持下,深圳经济特区解放思想、改革创新,勇担使命、砥砺奋进,克服重重困难和挑战,实现了从当年祖国南海边一个小渔村到如今具有全球影响力国际大都市的"凤凰涅槃"。特区的沧桑巨变靠的是敢闯敢试、敢为人先、埋头苦干的特区精神。当前,我国正处于实现中华民族伟大复兴的关键时期,经济已由高速增长阶段转向高质量发展阶段,社会主要矛盾已经转化为人民日益增长的美好生活需要和不平衡不充分的发展之间的矛盾,正在形成以国内大循环为主体、国内国际双循环相互促进的新发展格局。新时代新阶段尤其需要新担当新作为。领导干部要永葆"闯"的精神,保持越是艰险越向前的刚健勇毅,敢破敢立、敢闯敢试,敢于走别人没有走过的路,把改革推向深入;要永葆"创"的劲头,开拓创新,大胆创造,抓住机遇、应对挑战,勇立潮头、奋勇搏击,在危机中育先机,于变局中开新局;要永葆"干"的作

风,付出长期艰苦的努力,做大量艰苦细致的工作,持之以恒实干笃行。

勇开顶风船,敢走创新路。辉煌是以实干续写的,梦想是靠实干托起的。国务院国资委一则微博点赞国企创新:"从设计图纸开始,造出了占全球市场份额2/3的中国盾构机""当年被超高压卡住了脖子,但现在,我们连特高压都搞定了""石油勘探、开采、炼化、输送都曾一度落后,领先是'干'出来的"……一项项落后、一次次封锁,却成就了一件件科技自立、创新自主的传奇。说一千,道一万,"两横一竖"是关键,全面建成小康社会要靠实干,基本实现现代化要靠实干,实现中华民族伟大复兴要靠实干。站在新的历史起点,领导干部要保持战略定力,按照既定的目标和方针稳步推进工作,任凭乱云飞渡、风吹浪打,我自岿然不动,集中精力办好自己的事;要立足当下、专注眼前,付出真心、付出热情,兢兢业业干好本职工作,努力在平凡的岗位上做出不平凡的业绩。

37 行动比言语响亮,百说不如一干

孔子教诲人们,"巧言令色鲜矣仁",君子"讷于言而敏于行""耻其言而过其行"。一个行动胜过一打纲领。"口号喊得震天响,行动起来轻飘飘",这是形式主义、官僚主义的典型表现,广大干部、群众深恶痛绝。领导干部要做行动派和实干家,身先士卒、带头示范,带领干部群众干实事、创大业。

做干部必须**作风硬**

行动是最有力的动员。质胜于华,行胜于言。荀子说:"口能言之,身能行之,国宝也。口不能言,身能行之,国器也。口能言之,身不能行,国用也。口言善,身行恶,国妖也。治国者,敬其宝,爱其器,任其用,除其妖。"行动是最权威的发言。杨善洲同志退休后,主动放弃进省城安享晚年的机会,走进荒山,义务植树,一干就是22年,建成了一个价值达3亿元的林场,并无偿上缴给国家。"看似寻常最奇崛,成如容易却艰辛。"只有行动才能改天换地、感天动地。光说不练假把式。说一套、做一套,夸夸其谈,只会陷于"客里空"。习近平总书记强调,坚持知行合一、坚持行胜于言,在落细、落小、落实上下功夫。领导干部要把心思放在抓工作上,把精力投入抓落实中,埋头苦干、实干笃行,真正解决问题、造福百姓。

示范是最有效的领导。司马迁在《史记·儒林列传》中写道:"为治者不在多言,顾力行何如耳。"以身作则、率先垂范胜过语言的动员,是潜移默化的引领。党员干部冲在前、干在先,是我们战胜一切艰难险阻的重要保证。在与新冠肺炎疫情的斗争中,战"疫"一线,哪里最需要、哪里最辛苦、哪里最危险,哪里就有党员干部奋不顾身的身影。有的党员干部除夕夜来不及与家人团圆,背上行囊,赶赴"战场";有的党员干部提前结束假期,千里驰援,"最美逆行";有的党员干部奋战一线,与病魔抗争,轻伤不下火线;有的党员干部值班值守、志愿服务,筑牢一线"防火墙"……关键时刻,党员干部勇当先锋、临危不惧,凝聚起万众一心、众志成城的磅礴力量。俗话说,"喊破嗓子不如做出样子"。从我做起,"看我的""跟我上",远胜过要求别人"听我的""给我上"。领导干部要身体力行、以上率下,要求别人做到的自己首先做到,要求别人不做的自己绝对不做,多用"身影"引领,少用"声音"指挥,坚决反对表态多调门高、行动少落实差。

38 务实才能落实,高效才能长效

务实,指致力于实在的或具体的事情;高效,指效能高、效率高。"浮言废行,浮行废事,浮事废政,浮政废世。"作风漂浮、哗众取宠,搞数字游戏,工作浮在面上、落不下去,到头来只会"竹篮打水一场空"。只争朝夕、雷厉风行、紧抓快办,办事效率高,"今日事今日毕",才能脱身冗务,化被动为主动,更好地履职尽责,高效才能长效。

道虽迩,不行不至;事虽小,不为不成。任何一项事业都要脚踏实地去完成。爱因斯坦曾给出一个公式:成功 = 艰苦的劳动 + 正确的方法 + 少说空话。现实中,一些工作之所以想完成而完成不了,抓不住要害,除不了病根,一个重要原因就在于失之于"粗",失之于"虚",抓得不具体、不细致、不扎实。少数干部对群众关心的问题绕着、躲着、拖着,对出风头的事情围着、追着、捧着,只图虚名,不求实效,看似动作不少,实则原地空转。习近平总书记强调,共产党员要会干实事,多干实事,不是应付上面,更不是图虚名。领导干部必须做到谋划实,从实际出发谋划事业和工作,使

点子、政策、方案符合实际情况、符合客观规律，不好高骛远；做到推进实，从具体事情抓起，把原则要求变成可操作的具体措施，把目标任务变成实实在在的工作项目，防止大而空；做到责任实，明确分工，压实责任，监督到位，严肃追责；做到作风实，知重负重、攻坚克难，力避"空头政治"，防止"虚应之道"。

抓而不紧等于不抓，抓而不实等于白抓。高效包括高效率和高效益。当任务确定后，速度和质量就是制胜的关键。领导干部面对艰巨繁重的改革发展任务，既要讲效率，也要讲效益，不可拖沓延误，不可敷衍了事。现实中，一些干部工作节奏慢、效率低、效益差，经常"两眼一睁，忙到熄灯""5+2""白加黑"，冗务缠身，苦不堪言。低效率、低效益，是不可持续的。领导干部要做到忙而不乱、忙而有成，必须不断提高工作效率和效益。分清轻重缓急、辨别主次难易，以重点突破带动全面提升；抓住当下、把握现在，立即做马上办，当日事当日毕，防止拖延、避免积压；提前准备，未雨绸缪，为之于未有，治之于未乱，把握工作主动权；树牢质量意识，注重过程管控，坚持高标准，追求高质量。

39 所有盛大的气象，均由苦干实干而来；所有辉煌的梦想，全靠勠力同心实现

习近平总书记在参观《复兴之路》展览时指出："实现中华民族伟大复兴是一项光荣而艰巨的事业，需要一代又一代中国人共同为

之努力。"无论多么美好的蓝图、多么科学的目标，如果不付诸行动，就没有任何价值和意义。党员干部要立足实际、立足岗位，真抓实干、只争朝夕，团结带领广大群众以实干苦干托起民族复兴的伟大梦想。

混日子就要挨板子，苦干实干才会有奔头。任何事情都是干出来的。没有行动，没有落实，一切都是空谈。中国共产党人带领全国人民披荆斩棘、砥砺前行，接力奋斗、共同奋斗、顽强奋斗、艰苦奋斗，实现了中华民族从站起来、富起来到强起来的伟大飞跃。坚持和发展中国特色社会主义、实现中华民族伟大复兴的中国梦，是一项前无古人的事业，必须在干中形成共识、在干中解决问题、在干中实现愿景，容不得作壁上观、空想清谈、坐等收获。领导干部要以"朝受命、夕饮冰"的事业心和"昼无为、夜难寐"的责任感，脚踏实地地干、坚持不懈地干、锲而不舍地干。要以"明知山有虎，偏向虎山行"的勇气，敢于啃硬骨头，敢于涉险滩、破坚冰、攻堡垒、拔城池。要以积小胜为大胜，积跬步至千里的韧劲，锲而不舍坚持、义无反顾向前，决不能有"差不多、松口气、歇歇脚"的懈怠。

事于和睦，力于团结；人心齐，泰山移。"积力之所举，则无不胜也；众智之所为，则无不成也。"习近平总书记指出："每个人的力量是有限的，但只要我们万众一心、众志成城，就没有克服不了的困难。"实现中国梦必须凝聚中国力量。只有把全党全国各族人民凝聚在中国特色社会主义伟大旗帜下，充分调动社会各方面的积极因素，形成勠力同心、众志成城的合力，才能一往无前、无坚不摧，才能托举起实现中华民族伟大复兴的中国梦。领导干部要坚持以人为本、执政为民，始终与人民心心相印、与人民同甘共苦、与人民团结奋斗，不断密切党同人民群众的血肉联系，努力赢得人民群众的支持拥护；要坚持相信群众、依靠群众、尊重群众，动员和组织群众心往一处想、劲往一处使，充分调动群众的积极性，团结一切可以团结的力量；要加强对热点问题的舆论引导，积极回应群众关切、合理引导社会预期，更好解疑释惑、增进共识、凝聚力量，以优良党风凝聚党心民心，带动政风民风，凝聚起推动党和人民的事业不断胜利的强大力量。

40 不解决问题就是最大的形式主义，不化解矛盾就是最大的官僚主义

毛泽东同志曾说："什么叫问题？问题就是事物的矛盾。哪里有没有解决的矛盾，哪里就有问题。"我们党领导人民干革命、搞建设、抓改革，都是为了解决实际问题、化解突出矛盾。不察实情、不出实招、不办实事、不求实效，不解决实际问题，就是在搞形式主义。庸政、懒政、怠政，消极应付、推诿扯皮，就是官僚主义在作祟。形式主义、官僚主义，往往如影随形，集中体现为干部身上的"官气"。领导干部要把解决实际问题、化解突出矛盾作为打开工作局面的突破口，力戒形式主义、官僚主义。

能解决问题体现的是能力，真解决问题反映的是作风。邓小平

同志指出，领导干部的责任，就是要把中央的指示、上级的指示同本单位的实际情况结合起来，分析问题、解决问题，不能当"收发室"，简单地照抄照转。干工作，离不开必要的形式，形式是内容的载体，但形式远大于内容，不关注实际问题，甚至徒有形式没有内容，就变成了形式主义，就会有百害而无一利。当干部，就是要解决问题。有问题并不可怕，可怕的是看不到问题，或者看到问题却畏首畏尾、束手无策。领导干部必须有发现问题的敏锐、正视问题的清醒、解决问题的担当。要善于发现问题，坚持问题导向，通过系统周密的调查研究，找到群众反映最强烈的问题，找到改革发展面临的最突出、最紧迫的问题。要勇于直面问题，牢记"为官避事平生耻"，把问题当成挑战和考验，无所畏惧、迎难而上，主动出击，沉着应战。要善于解决问题，不断提高解决实际问题能力，既解决老问题，也解决新问题；既解决显性问题，也解决隐性问题；既解决表层次问题，也解决深层次问题。

校准思想之标，把好行为之舵，绷紧作风之弦。事不避难、义不逃责；唯其艰难、方显勇毅。矛盾是事物发展的根本动力，社会是在矛盾运动中前进的，有矛盾就要去化解。领导的一个基本职责就是化解前进中遇到的矛盾。当前，我国正处于由中等收入国家向高收入国家迈进的历史阶段，矛盾和风险比从低收入国家迈向中等收入国家时更多更复杂。如果对矛盾熟视无睹，甚至回避、掩饰矛盾，在难题面前畏缩不前，其结果只会导致矛盾堆积如山，问题积重难返，错失解决矛盾问题的时机，影响党和人民事业的发展。矛盾是挑战更是机遇，困难是阻力更是动力。面对复杂形势和繁重任

做干部必须**作风硬**

务，领导干部要对各种矛盾做到心中有数，同时又要优先解决主要矛盾和矛盾的主要方面，以此带动其他矛盾的解决。要认真学习掌握唯物辩证法，认真学习掌握化解矛盾所需要的知识，不断提高化解矛盾的能力和水平。要坚持党的群众路线，尊重群众的实践创造，发挥群众的主体作用，依靠群众智慧化解矛盾，解决好涉及群众切身利益的矛盾。

41 树立"真抓"的工作作风，学会"会抓"的本领方法

习近平总书记强调，领导干部"要从实际出发谋划事业和工作，使点子、政策、方案符合实际情况、符合客观规律、符合科学精神，不好高骛远"。作风过硬是干事创业的"稳压器"，本领过硬是干事创业的"助推剂"。做好领导工作，必须作风过硬、能力过硬。

干事容不得慵懒散怠，创业不允许虚假漂浮。习近平总书记强调："战国赵括'纸上谈兵'、两晋学士'虚谈废务'的历史教训大家都要引为鉴戒。"求真务实、真抓实干的对立面，就是弄虚作假、搞形式主义。现实中，有的领导干部热衷务虚功、不重实绩重包装，有的热衷做表面文章、造面子工程、耍花拳绣腿，有的搞"雨过地皮湿"、空喊口号、不做实事，等等，不符合我们党求真务实的作风要求。牡丹花好空入目，枣花虽小结实成。任何事情，只有务实才能落实，才能取得预期的成效。领导干部必须有求真务实的

政绩观和过硬作风，力戒形式主义、官僚主义，积极肯干、真抓实干，做起而行之的行动者、不做坐而论道的清谈客，当攻坚克难的奋斗者、不当怕见风雨的"泥菩萨"，才能练出真本领、做出真政绩、干出大事业。

能力是干事的"金刚钻"，方法是成事的"敲门砖"。能力是担当有为的客观保证，方法是能否把事情干成干好的关键。做工作，如果没有能力，就像痴人说梦，必定无所作为；如果没有正确方法，往往事与愿违，做出南辕北辙的事情来。领导干部作为各项事业的决策者、领导者、组织者和落实者，只有既能担当、又善担当，具备过硬的能力本领，善于灵活运用工作方法，才能确保每一项工作方向对头、方法对路、目标对准、前后对接。要善于运用战略思维、创新思维、辩证思维、法治思维、底线思维等科学思维来认识事物，提高用新发展理念统领发展全局的能力。

42 "真抓"体现工作态度，"善抓"体现工作方法，"敢抓"体现作风担当，"常抓"体现工作定力

反对空谈、强调实干、注重落实，是我们党的优良传统。毛泽东同志要求共产党员一定要有"认真实干"的精神，强调"一件事不做则已，做则必做到底，做到最后胜利"。以什么样的态度、方法、作风抓工作，是对领导干部党性修养和领导水平的重要检验。

做干部必须作风硬

比认识更重要的是态度，比能力更关键的是作风。 俗话说，态度决定一切。态度和作风是做事的前提，是成就事业的重要保证。一个干部本事再大、能力再强，如果态度不端正，作风不过硬，遇到事情不想干、不愿干，遇到困难前怕狼、后怕虎，遇到矛盾打太极、绕圈圈，那任何事情都不可能干成，而且还要误事、坏事，对党和人民事业的危害无疑是巨大的。习近平总书记指出："有些地方、部门和单位积累的问题长期得不到解决，有多种原因，但很大程度上与这些地方、部门和单位领导班子和领导干部遇到矛盾畏难情绪占上风、解决问题不得力有直接关系。"领导干部必须始终保持朝气蓬勃、干事创业的良好精神状态，敢于直面艰难困苦、敢于投身大风大浪、敢于应对风险挑战，为党和人民事业义无反顾、勇往直前。

既要有想法更要有办法，既要有魄力更要有定力。 事必有法，然后可成。习近平总书记强调："我们只有坚持科学的思想方法和工作方法，严格按客观规律办事，才能真正抓住机遇，办成一些事情，不断把党和人民的事业推向前进。"现实中，有的干部老办法不管用、新办法不会用、硬办法不敢用、软办法不顶用，就是没有掌握担当的正确方法。方向正确之后，方法便为王。掌握科学的思想方法和工作方法，善于因地、因人、因事灵活施策，做工作才能有的放矢、游刃有余。有了正确的方向、科学的方法，要把事做好做成，还需要拿出一抓到底的决心和力度。领导干部做工作，既要保持思维的活跃性，善于灵活施策、精准施策，也要发扬钉钉子精神，保持力度、保持韧劲，善始善终、善作善成。

43 思想认识要唯实，制定政策要求实，工作举措要务实，工作成果要做实

求真务实，既是共产党人的重要思想方法和工作方法，也是共产党人必须始终保持的党性作风。习近平总书记强调，领导干部坚持求真务实，既要在求真上下功夫，更要在务实上做文章，尤其要做到讲实情、出实招、办实事、求实效。领导干部必须坚持实事求是，做求真务实的表率。

谋事要实、创业要实、做人要实。凡事兴于实，败于虚。习近平总书记强调，领导工作要实，做到谋划实、推进实、作风实，求真务实，真抓实干。深刻阐明了实对于领导工作的重要性。学习研究，唯有秉持求真务实精神，才能探究更多未知、获得更多真理；干事创业，唯有保持求真务实作风，才能抓住关键重点、取得实在成效。现实中，有的领导干部谋划工作重形式轻内容、重数量轻质量、重眼前轻长远；有的制定政策想当然，喊不着边际的空口号，提不切实际的高指标；有的推动工作靠会议落实会议、靠文件落实文件；有的追求工作成果，不怕群众不满意，就怕领导不注意，热衷于做表面文章、搞面子工程，等等，败坏了干部风气，贻误了党的事业。邓小平同志说过，一个革命者是不是忠于党，忠于人民，就看他是不是老实，是不是实事求是。领导干部一定要始终保持求真务实作风，多谋发展实策，多出改革实招，多办惠民实事。

说老实话、办老实事、做老实人。为政务其实，忌其伪。《申

做干部必须**作风硬**

鉴·俗嫌》云:"在上者不受虚言,不听浮术,不采华名,不兴伪事。"所谓,巧诈不如拙诚。领导干部要坚持一切从实际出发,理论联系实际,使点子、政策、方案符合实际情况、符合客观规律、符合科学精神,做到不唯书、不唯上、只唯实。要坚持从本地区、本部门、本单位实际情况出发,从群众中来、到群众中去,经常深入基层、深入群众、深入实际开展调查研究,从而找准问题、听到实话、察到实情、获得真知。要始终立足实际,发扬真抓实干、求真务实的工作作风,恪尽职守、勤勉工作,精心谋事、潜心干事、专心做事,一步一个脚印地开展工作,脚踏实地躬耕事业,既不弄虚作假,也不好高骛远。要把精力用到谋发展上,把心思用到求实效上,把劲头用在抓落实上,以实心行实政、以实政求实效。

44 思想上更加求实,坚持讲真话、讲新话、讲短话;工作上更加务实,坚持办实事、办难事、办好事;作风上更加扎实,坚持摸实情、出实招、求实效

习近平总书记强调,领导干部"要坚持求真务实,察真情、说实话,出真招、办实事,下真功、求实效"。领导干部干事创业,只有始终保持朴实、老实、踏实的工作作风,少些"小聪明""小九九",才能真正把好事办实、把实事办好。

智者务其实,愚者争虚名。习近平总书记强调:"领导干部要

想真正在群众心目中留下一点'影'、留下一点'声'、留下一点印象，就要精心谋事、潜心干事，努力为人民多作贡献，而绝不能靠作秀、取宠、讨巧，博取一些廉价的掌声"。出政绩是对每位领导干部最基本的要求，如果一心只想当太平官，碌碌无为，绝不是一个称职的领导干部。如果急功近利、好大喜功，自作聪明、处处讨巧，弄虚作假、欺上瞒下，也许可以在一时一事上骗得领导的信任，骗得民众的选票，骗得一些名利，长久来说，终究难成大事、难为大器、难当大任。领导干部做工作，就要不驰于空想、不骛于虚声，始终保持共产党人求真务实的精神状态、奋斗姿态和工作作风。

既要口惠，更要实至。光说不练假把式，光练不说傻把式，又说又练真把式。做好领导工作，不仅要具备政治家的头脑，拥有较高的理论水平、政策水平，还要能当好实干家，埋头苦干、积极作为。干部讲假话、讲老话、讲冗话，往往是患得患失、怕担责任、思想懒惰的表现。只有理论功底扎实了、思想境界提高了、知识积累厚实了，才能做到表里如一、言行一致，言之有理、言之有物，深入浅出、一语中的。领导干部要甘于下"笨"功夫，不当巧官，老老实实为民干事，将人民对美好生活的向往作为奋斗目标，时刻倾听人民心声，聚焦群众最关心、最直接、最现实的利益问题，人民期盼什么就做好什么，绝不能思想上激情澎湃、落实上才思枯竭，绝不能当语言上的巨人、行动上的矮子，"只听楼梯响，不见人下来"。

既要行动快，又要作风硬。革命先驱李大钊同志说过："凡事都要脚踏实地去作,不驰于空想,不骛于虚声,而惟以求真的态度作踏实的工夫。以此态度求学,则真理可明;以此态度作事,则功业可就。"成功缘于实干,祸患始于空谈。一切难题只有察实情才能破解,一切办法只有出实招才能见效,一切机遇只有用实干才能抓住。领导干部要发扬务实精神,求真务实、真抓实干,加强调查研究,力戒形式主义、官僚主义,从根本上破除虚干、假干、蛮干或不干的思想和行为。

45 保持实事求是、求真务实的实干状态,保持一往无前、攻坚克难的奋斗状态,保持勇于担当、善于作为的进取状态

状态,是一个人精气神的具体体现。状态良好的人,一般都具有阳光的心态、实干的步态、奋发的姿态、进取的神态。而状态不佳的人,往往消极懈怠、不思进取。习近平总书记强调:"良好的精神状态,是做好一切工作的重要前提。"领导干部是推动新时代伟大事业稳步发展的领路人,是改革的先锋、发展的"头雁",其精神状态如何,不仅影响党和政府的形象,更会影响所在地方和部门的发展。

好状态是干事创业的保证。良好的状态,是一种形象、意志和力量,是干事创业、奋勇前行的前提,是攻坚克难、获得成功的保证。一个人具有了良好状态,就会保持健旺的精气神,用心

用情、尽心尽力做好每件事,往往也就更容易做出成绩、取得成功。俗话说,从业者不如敬业者,敬业者不如乐业者。身在领导岗位,如果仅仅把工作视为生存的手段,只求"过得去"、不求"过得硬",只求"无过"、不求"有功",胸无大志、安于现状,这样的状态只会蹉跎了岁月,辜负了党和人民,浪费了生命。领导者即影响者,领导力即影响力。领导干部保持良好状态,不仅能激发工作的积极性、焕发自身内在潜能,而且能为下属树立好的榜样,影响下属和团队的精神面貌,进而提高工作的效率和成效。

当干部就得始终在状态。人生没有假设出来的精彩,只有靠实干拼出来的未来。领导干部要保持实事求是、求真务实的实干状态,牢记"空谈误国、实干兴邦"的道理,自觉做到"干"字当头、"实"字打底,以务实的人生态度,以实干的敬业精神,脚踏实地、真抓实干,敢于担当责任,勇于直面矛盾,善于解决问题,抓好该抓的事,干好该干的事,不负党和人民的期盼。要保持一往无前、攻坚克难的奋斗状态,强化勇往直前的昂扬之气和舍我其谁的无敌斗志,敢闯敢试、敢为人先,迎风破浪、披荆斩棘,敢于直面艰难困苦、敢于投身大风大浪、敢于应对风险挑战,不被任何困难所吓倒。要保持勇于担当、善于作为的进取状态,始终蓬勃向上、斗志昂扬,始终有一种闯的魄力、抢的意识、争的劲头、拼的勇气,顶得住压力、扛得住重担、打得了硬仗、经得住磨难,为党和人民事业义无反顾、勇往直前,夺取胜利。

做干部必须**作风硬**

46 "实"字当头,对待工作有"干劲";"敢"字开路,面对困难有"闯劲";"严"字托底,抵制诱惑有"狠劲"

习近平总书记强调,领导干部要确保既想干事、能干事,又干成事、不出事。幸福是奋斗出来的,而奋斗之路是艰辛的、曲折的,充斥着各种诱惑、埋伏着各种风险。唯有实干担当、攻坚克难,才能闯出一条新路,带领群众走出一条好路;唯有严之又严的管好自己,才能干好事、走好路。

说一千道一万,不如实际干一干。十个空谈家比不上一个实干家。邓小平同志曾强调,"少说空话、多干实事",凡事都"要落在实处","开会、讲话都要解决问题"。成功缘于实干,祸患始于空谈。一切问题,只有在实干中才能解决;一切机遇,只有在实干中才能抓住。实干是连通知与行的桥梁,正如园丁的锄头,砸向大地就能花香袭人;也似农夫的犁铧,深入泥土就有春华秋实。一个人如果眼高手低,说起来一套一套,干起来一塌糊涂,说得再好听也没有任何意义和价值。领导干部要矢志实干,坚持从实际出发谋划事业和工作,使点子、政策、方案符合客观规律、符合科学精神,脚踏实地、真抓实干,努力创造经得起实践、人民、历史检验的实绩。

这也难那也难,敢闯敢试就不难。大石拦路,勇者视为前进的阶梯,弱者视为前进的障碍。毛泽东同志曾说,"我们共产党人是以不怕困难著名的","种种困难,遇到共产党人,它们就只好退却"。困难像弹簧,你强它就弱,你弱它就强。领导工作,不

可能总是一帆风顺,更多时候往往是困难重重。困难本身并不可怕,可怕的是碰到困难就退缩。如果遇到困难就"击鼓传花"怕沾手、"躲"字当头、"推"字当先,遇到矛盾就绕道走、怕接"烫手山芋"、不敢定事做决断,那么工作任务必然在畏首畏尾中被耽误,人民的利益必然在推诿扯皮中被损害,党的形象必然在逃避退却中被败坏。领导干部作为改革发展的"主心骨",唯有遇到矛盾不怕事,碰到问题不回避,面对困难不胆怯,勇于探索、迎难而上,才能真正做好事、做成事。

严是爱宽是害,严格自律作表率。世间事,做于细,成于严。严格自律是进步的阶梯,宽容放纵是灭亡的快车。所有优秀的背后往往是苦行僧般的自律。纵观那些在挫折困难、利益诱惑、大是大非面前丧失斗志、丢了忠诚、忘了根本、被"围猎"、被"腐蚀"的干部,无不是律己不严的结果。领导干部要始终走得正、走得直、走得稳,就必须对自己的要求严而又严,以"检身若不及"的态度,多思贪欲之害、纵权之祸,勤扫思想尘埃、时时涤荡心灵,多积尺寸之功,多累严实之效,炼就"金刚不坏之身"。

47 务实求变,务实求新,务实求进

习近平总书记强调,我们不能因循守旧、故步自封、墨守成规、得过且过,要敢于突破,敢于创新。做任何事,唯有求新求变、开拓进取,才能不断发展、不断前进。然而,求新求变、追求进步的基础是务实。抛弃了务实,改革创新必然是华而不实的口号,发展进步只能是妄想、幻想。

只有先站稳,才能再跳高。做任何事情,如果没有"稳"的支撑,"高"就会摇摇欲坠;没有"高"的追求,再"稳"也没有意义。习近平总书记多次强调,基础非常重要,基础不牢、地动山摇。深刻阐明了强基固本的重要性。任何工作都有一个基础的问题,脱离了基础谈工作,必然不切实际。反观现实,有的干部习惯于凭主观愿望瞎指挥,照着书本上的条条框框"乱点鸳鸯谱";有的好高骛远、好大喜功,大喊不切实际的空口号;有的做规划、制预案、定措施,异想天开、纸上谈兵;有的不重视调查研究,坐在办公室关起门来做决策、干工作;等等。这些都是不切实际的表现,根本上是犯了主观主义、本本主义、教条主义、经验主义的错误,无论自己求新求变的愿望多美好,也改变不了失败的结局,给事业带来的危害是显而易见的。

可以独树一帜,不可哗众取宠。习近平总书记强调,要坚定创新自信,坚定敢为天下先的志向,在独创独有上下功夫。"不贪一时之功,不图一时之名。"独树一帜就是与众不同、自成一家,体现一个人勇于开拓、善于创新;标新立异就是外表好看、内容空虚,表现一个人弄虚作假、不切实际。领导干部强化创新意识,积极学习一切新知识、新思想、新理念、新方法、新科学、新技术,用创新驱动发展,用创新赢得发展。应当坚持一切从实际出发,具体问题具体分析,坚持用联系的、发展的、全面的观点发现问题、分析问题、解决问题,一步一个脚印,踏踏实实干工作,力戒形式主义、官僚主义。

48 拥有大干快干的工作冲劲、苦干实干的工作韧劲、巧干会干的工作闯劲

邓小平同志曾说："没有一点闯的精神，没有一点'冒'的精神，没有一股气呀、劲呀，就走不出一条好路，走不出一条新路，就干不出新的事业。"一代人有一代人的使命，在新时代的长征路上，领导干部必须保持旺盛的工作热情和昂扬的精神状态，"敢"字当头、"干"字在前，大干快干、苦干实干、巧干会干。

精神不是万能的，但没有精神万万不能。任何一个社会，既不可能有离开物质文明的精神文明，也不可能有离开精神文明的物质文明，两者总是形影相随。然而，在很多时候，当物质极其匮乏之时，却能依靠自身强大的精神力量，创造出超凡的人间奇迹。一个人如此，一个集体如此，一个民族如此，一个先进的政党更是如此。回望百年党史，革命战争年代，我们党能够从小到大、由弱变强，愈挫愈奋、百折不挠；新中国成立后，面对复杂的国际国内形势和各种困难挑战，我们党改变了旧中国一穷二白、千疮百孔的落后面貌，取得社会主义革命和建设的伟大胜利；党的十一届三中全会后，我们党坚定不移地推进改革开放，社会主义现代化建设取得举世瞩目的伟大成就；党的十八大以来，我们党带领人民走进了中国特色社会主义新时代，推动党和国家事业取得

历史性成就、发生历史性变革,中华民族伟大复兴展现出前所未有的光明前景。这些伟大成就的背后,一个重要原因就是我们党始终保持着朝气蓬勃的革命斗志、奋发有为的精神状态。领导干部干事创业,必须弘扬红色革命精神,以更加昂扬的奋斗姿态把工作干好、干出成效。

想干愿干积极干,苦干实干埋头干,能干会干善于干。 古人云,"胜负之征,精神先见"。人总是要有一点精神的,当领导干部就应当有那么一股子精气神。要增强大干快干的工作冲劲,拿出"杀出一条血路来"的气魄、"摸着石头过河"的胆识、"敢闯敢试敢为天下先"的勇气,开拓进取、积极肯干,努力做信仰信念的坚定者、新时代的不懈奋斗者、实现中华民族伟大复兴中国梦的积极贡献者。要增强苦干实干的工作韧劲,把心思用在干事业上,把精力投入抓落实中,撸起袖子加油干,心甘情愿地消耗自己,不畏首畏尾、不徘徊彷徨,始终在职在岗在状态。要增强巧干会干的工作闯劲,注重学习研究,勤于总结提高,善于抓住关键、灵活施策,及时发现和纠正思想认识上的偏差、决策中的失误、工作中的缺点,不断增强工作的整体性、系统性、协同性,使各项工作更加符合客观规律、符合时代要求、符合人民愿望。

第三篇

过硬的雷厉风行 拼搏担当作风

49 坚决破除"一味求稳、不思变革"的消极思想,"小富即安、小进即满"的自满思想,"故步自封、自以为是"的封闭思想,"只讲能不能办、不讲怎么才能办"的惰性思想,"心浮气躁、急于求成"的功利思想

思想决定行动,行动上的主动取决于思想上的进取。领导干部为官从政思想认识一定要高,对于消极、错误的思想要坚决抵制,清除一切影响社会主义事业建设的不良因素,端正自身思想,以正确的工作方法、工作态度推动工作。

思想上松一寸,行动上就会偏一尺。思想是行动的先导。一个人的思想决定个人行为,思想摆正了,行动才会精准有力;思想走偏了,行动会受局限,凡事都会出偏差。领导干部要想行得稳、走得远,就要注重端正自己的从政思想,打牢思想之基,才不至于走偏走歪走得不端正。如果领导干部出现问题,产生消极、自满、封闭、懒惰、功利等思想,其干事创业的精气神就会受到影响,导致自身工作思路不清晰、工作标准要求不高、工作成效不明显等。领

做干部必须**作风硬**

导干部能否时刻端正自己的思想认识,直接影响和决定着其自身会有什么样的从政行为和表现,对本地的发展也将产生影响,只有对待任何事情都保持正确思想认识,经常检视自己,时时查找不足,才能清扫一切不符合自身需求的思想垃圾。

剖析思想根源,校正行为偏差。一个人有好的思想认识,才能使脑子时刻保持清醒,想问题做事情才会心中有数、清晰明确,分得清是非对错。反之,错误的思想认识会引导我们的行为出现偏差,甚至犯大错误。领导干部面对错误的思想,要坚决破除、坚决纠正,以良好态度干事创业;要坚决破除"一味求稳、不思变革"的消极思想,敏于知变,倘若因循守旧、墨守成规,就会错失解决问题和进一步发展的机遇,唯有与时俱进,才能跟得上时代,才不会被日新月异的社会所抛弃;要坚决破除"小富即安、小进即满"的自满思想,不陶醉于过往的"辉煌",主动进取,常怀"空杯心态",轻装上阵,心态归零才能更进一步;要坚决破除"故步自封、自以为是"的封闭思想,始终谨记清朝晚期闭关锁国、自诩为天朝上国的教训,革故鼎新、吐故纳新,不断设定更长远的奋斗目标,处处事事寻求突破,方能不断超越、有所成就;要坚决破除"只讲能不能办、不讲怎么才能办"的惰性思想,积极发挥主观能动性,创新工作思路,多想解决问题的办法,做到日清日结、案无积卷,当日事当日毕,让"马上就办、办就办好"成为一种自觉和习惯;要坚决破除"心浮气躁、急于求成"的功利思想,始终保持平和心态,坚持稳中求进的工作总基调、戒骄戒躁的工作态度,做事有条理,一茬接着一茬干,蹄疾步稳、久久为功、善始善终、善作善成。

50 领导干部要以"蝼蚁之穴,溃堤千里"之念,以"如临深渊,如履薄冰"之行,以"夙夜在公,寝食不安"之心对待自己的职责

春秋时期宋国大夫正考父,平日严于律己,为人低调谦和。他在家庙的鼎上铸下铭训:"一命而偻,再命而伛,三命而俯。循墙而走,亦莫余敢侮。饘于是,鬻于是,以糊余口。"意思是说,面对任命提拔要越来越谨慎,甚至连走路都靠墙走,只需有这只鼎煮粥糊口就可以了。正考父这种时刻保持谨慎的态度,对于今天的领导干部具有重要启示和借鉴意义。习近平总书记指出,领导干部必须加强自律、慎独慎微,永葆共产党人政治本色。对待职责,领导干部要有"蝼蚁之穴,溃堤千里"的忧患之念,"如临深渊,如履薄冰"的谨慎之行,"夙夜在公、寝食不安"的公仆之心,恪尽职守、拒腐防变,让自己真正经得起各种风险考验。

慎终如始,则无败事。堤溃蚁穴,气泄针芒;一趾之疾,足以灭身。祸患常积于忽微。不少领导干部最初也一身正气,只因为对诱惑之"微"不严防,对蜕变之"渐"不死守,在推杯换盏中放松要求,在小利小惠面前丢掉原则,让别有用心者钻了空子、打开了缺口,在"温水"中越陷越深,最终难以自拔、堕入深渊。领导干部要以那些"阶下囚"的教训为镜鉴,以"蝼蚁之穴,溃堤千里"的忧患之念对待自己的一举一止,当好自己的"监考官",从自身的生活作风抓起,从司空见惯的小事小节抓起,在面对形形色色的诱惑时严于律己、防微杜渐,做到诱惑面前不动心、欲望面前不失

志，始终保持共产党人的浩然正气。

小节不慎，大节难保。"如临深渊，如履薄冰"是一种责任的体现，是一种明智的从政理性。领导干部掌握公权力，肩负的责任重大，面对的诱惑挑战也十分巨大。"凡善怕者，必身有所正，言有所规，行有所止，偶有逾矩，亦不出大格"。只有"如临深渊，如履薄冰"，才能不迷失、不堕落，才能够避免跌入深渊。领导干部要时刻以党的宗旨与纪律来要求自己，以共产党人的初心与使命激励自己，永葆共产党人的本色。

使命高于天，责任重如山。精神状态决定事业成败，平庸守摊子难有作为。中国共产党在百年历程中，始终兢兢业业、艰苦奋斗，带领全体人民攻克一个又一个难关、取得一个又一个胜利。立足新发展阶段，更需要领导干部一心为公、处处为民，做"夙夜在公"的好干部，团结带领全体人民共同奋斗。为官一任，造福一方。领导干部要牢固树立无功便是过、平庸就是错的思想，扑下身子埋头苦干、真抓实干，努力做一流工作，创一流业绩，确保每一项任务、每一项工作有实效有成果，真正把工作落到实处，把好事办到群众心坎上。

51 办事不可"击鼓传花"、行动不能"老驴推磨"

习近平总书记强调，领导干部"不能只想当官不想干事，只想揽权不想担责，只想出彩不想出力"。当干部，热衷于"击鼓传花"，必然是推诿扯皮、不思进取的庸官；习惯于"老驴推磨"，必然是饱食终日、无所用心的懒官。

事前推诿、事后推卸，就是不负责任。习近平总书记强调："事业任重道远，责任重于泰山。"有权必有责，有责要担当，失责必追究。为官从政权责相系，在岗位上殚精竭虑、鞠躬尽瘁是本职本分。如果只是一味地把职务当待遇、把岗位当享受，拈轻怕重、避重就轻，能躲就躲，能推就推，只想当官不想干事，就如同患上了腐骨蚀心的慢性恶疾，既损害领导干部形象，又贻误事业发展。现实中，少数干部担当不足、责任不强，遇事就一副"击鼓传花"怕沾手的样子，"躲"字当头、"推"字当先，遇到矛盾绕道走，不敢接"烫手山芋"，不敢拍板做决断，只会层层请示、层层画圈。推诿扯皮、拈轻怕重的背后，其实是党性的淡漠、责任心的缺失。当领导干部，绝对不能以不思进取的精神状态干工作，必须坚决摒弃"只求平安守成、不求建功立业"的庸俗观念，要直面问题、正视矛盾，敢啃硬骨头、勇挑重担子，做事不推诿，事后不搪塞，负起应负的责任。

自古天下事，勤勉则必成。做任何事情，以勤为先、用心投入，铆足劲头，总能把工作做得出色；反之，能混则混、无动于衷、拖拉应付，即便个人禀赋再好，也终将一事无成。"拖延症"是一种"慢性自杀"，如果不加以重视，终有一天会让自己"无药可救"。为政之要，贵在力行，勿以懒惰虚度光阴。领导干部干事创业必须增强时不我待、只争朝夕的紧迫感，第一时间抓落实，长计划、短安排、立即做，高标准、严要求、高质量，快节奏、高效率推进，切实让群众得到实惠、看到实实在在的变化。

52 不能搞花拳绣腿,不能搞繁文缛节,不能做表面文章

做老实人、说老实话、干老实事,是我们党一贯倡导的优良作风。习近平总书记强调:"干事创业一定要树立正确政绩观,要做到'民之所好好之,民之所恶恶之'。要求真务实、真抓实干,做工作自觉从人民利益出发,决不能为了树立个人形象,搞华而不实、劳民伤财的'形象工程'、'政绩工程'。"领导干部干事创业,必须"实"字打头,一实到底。

形式主义害死人。形式主义同我们党的性质宗旨和优良作风格格不入,是我们党的大敌、是人民的大敌。形式主义实质是主观主义、功利主义,根源是政绩观错位、责任心缺失。它如同一堵无形的墙,把党和人民群众隔开,任其发展下去,将会使我们党失去根基、失去血脉、失去力量。领导干部要致力于实在做事,注重实绩,务求实效,坚决反对形式主义,不喊哗众取宠的空洞口号,不做华而不实的表面文章,不搞劳民伤财的形象工程和面子工程,切实把改革发展稳定各项任务落到实处。

大道至简,执简以御繁。善于把复杂问题简单化,既是一种能力、一种态度,也是一种睿智、一种境界。把简单的事情复杂化,采用烦琐复杂的方法处理简单的事情,动用不必要的人力、物力和财力去解决原本可以轻易解决的问题,就像是用宰牛刀杀鸡、用迫击炮打蚊子,不仅愚蠢、毫无效率,而且劳民伤财。现实中,有的干部抓工作层层加码、反复折腾,或者打着严谨细致的旗号,对人对事求全责备,过分关注细枝末节,最终不仅干不好工作,还会搞

得怨声载道、鸡飞狗跳。领导干部必须善于以大兼小、以简御繁，提高工作效率，从而步入返璞归真之境界。

假的真不了，真的假不了。俗话说，"绣花枕头一包草，中看不中用"，告诉我们"里子"远比"面子"重要。做工作如果只追求"表面光"，而不注重实际实效，那么即使吹得再响亮、看着再光鲜，也是无用的工作，弄虚作假的真面目早晚要被戳穿。然而，由于"面子"显而易见，"里子"不易察觉，不少人为了"面子"牺牲"里子"。领导干部必须涵养实干的态度，追求实在的政绩，坚决与形式主义、官僚主义作彻底的斗争。

53 不提不切实际的口号，不提不切实际的数字，不提不切实际的目标

实事求是是马克思主义的精髓，是我们观察问题、分析问题和解决问题的方法论，也是我们党乘风破浪、再创辉煌的法宝。习近平总书记指出，领导干部要按照实际情况决定工作方针，不提不切实际的口号，不提超越阶段的目标，不做不切实际的事情。进入新时代新阶段，各地各单位都在"磨刀霍霍"，积极主动地谋划各项目标任务，力争实现"开门红"。但一些地方和部门竞相攀比，唯恐落后，甚至罔顾实际，背离经济社会发展规律，搞层层加码，玩数字游戏，搞虚假政绩，滋生了浮夸、攀比、弄虚的歪风，误了一个地方的发展。领导干部必须树立正确的政绩观，尊重客观规律，

做干部必须作风硬

既要做让人民群众看得见、摸得着、得实惠的实事,也要做为后人作铺垫、打基础、利长远的好事,不断提升群众的获得感、幸福感和满意度。

既要有尽力而为的激情,又要有量力而行的理性。 干事创业、改革发展都是有规律可循的,既要主动进取、尽力而为,又要尊重客观实际、量力而行,才能牢牢把握谋划和推进工作的主动权。习近平总书记强调:"要更好把握稳和进的关系,稳是主基调,要在保持大局稳定的前提下谋进。稳中求进不是无所作为,不是强力维稳、机械求稳,而是要在把握好度的前提下有所作为,恰到好处,把握好平衡,把握好时机,把握好度。"从1958年"大跃进"开始的三年"左"倾冒进,高指标、瞎指挥、虚报风、浮夸风、"共产风"盛行,片面追求工农业生产和建设的高速度,导致国民经济比例大失调,并造成严重的经济困难,教训十分深刻。进入新时代,领导干部要贯彻新发展理念,坚持稳中求进工作总基调,坚决摒弃"官出数字、数字出官"的不良作风,尊重科学、切合实际,尽力而为、量力而行,着力解决发展不平衡不充分问题,谱写好现代化的新篇章。

以事实为依据,以实绩为准绳。 我国改革开放和现代化建设的总设计师邓小平,一贯倡导"说老实话,办老实事,做老实人"。无论是身处逆境或顺境,还是干革命、抓建设,老实二字始终是邓小平立身处世的基本原则。习近平总书记指出,领导干部一定要求真务实,大力弘扬党优良的思想作风和工作作风,讲老实话、办老实事、做老实人,这是坚持实事求是的作风保证;要坚持实事求是,始终从客观实际出发,从变化、发展的实际出发,用客观事实做依据,成绩不夸大,缺点不缩小,错误不隐瞒;要坚持求真务实,改进工作方法,转变工作作风,认真负责、真抓实干,不喊空口号、不搞花架子、不做表面文章,不好高骛远、不哗众取宠。要坚持以人民为中心的发展思想,多做雪中送炭的事,多搞一些直接造福于民的"满意工程""民心工程",切实解决好群众的操心事、烦心事、揪心事。

54 坚决防止不切实际唱高调、光说不练喊口号,坚决防止"重打锣鼓另开张""新官不理旧账"

为政之道,贵在实干。求真务实、真抓实干,才能真正干出经得起历史检验的实绩。然而,当前一些领导干部在工作中总是习惯说一些不切实际的漂亮话而不见行动,或是新官上任就总想着"另起炉灶",表面看是领导干部水平不够、方法不多,实则反映出领导干部理想信念不坚定、思想境界不高、政绩观不正。有为才能有位,有位更须有为,只有坚持以造福人民为最大政绩,切实做到权为民所用、情为民所系、利为民所谋,一锤接着一锤敲,锤锤敲在点子上,才能不断创造人民认可的政绩。

织锦缎面"花架子",光说不练"假把式"。一个人想要让自己事业有成,就必须活在客观实在的现实之中,不能总被高调、大话和假象包裹着。鲁迅先生曾一针见血地指出:"唱高调就是官僚主义。"领导干部如果把决心当行动、把口号当实绩、把措施当落实，把那些不切实际的夸夸其谈、言而不实的高谈阔论、时髦悦耳的空话套话挂在嘴上，就是"低级红""高级黑"的表现，往往会令群众十分反感，最终将失信于民。习近平总书记指出，有的领导干部口头一套、行动一套，高调表态、只做虚功，往往以高调的声音掩饰不正的行为。陶行知先生也说过："为老百姓造福，不靠高调唱得响。"领导干部干工作要端正态度、摆正心态，多走多看多调研，把认识落实到行动中，把承诺兑现在实践里，用实干考量、用实绩说话，才能得到群众的信任。

新账旧账一起理，一任接着一任干。俗话说，新官上任三把火。新烧"三把火"是必然的，也是必要的，它体现的是新领导的责任心和干劲。但也要看到，如果新领导犯了急躁症、冒进症，烧的可能就是"虚火"。这样的"虚火"烧得多了，往往就会脱离地方发展实际，脱离群众需要，好事做不好、实事办不实。"铁打的营盘流水的兵。"任何地方的发展，都是一任一任领导干部接力干出来的。新官不理旧账，不管是怕事不敢理、懒政不想理，还是平庸不能理、为私不去理，都是为政不合格的表现。对领导干部来说，接力棒既然交到手上，就要全力跑好自己这一程。不管是新问题还是老问题，都不能搁着拖着，要甘于承担责任，解决疑难问题，要勇于开拓，解决前任没有解决的问题。唯有这样，才能理好自己该理的账，不给后任留不该留的旧账。

55 百舸争流，破浪者才能远航；千帆竞发，奋斗者才能开拓

习近平总书记强调，我们不能因循守旧、故步自封、墨守成规、得过且过，要敢于突破，敢于创新，撸起袖子加油干。成功源于创新，奋斗成就成功。今天，我们比历史上任何时期都更接近、更有信心和能力实现中华民族伟大复兴的目标。面对纷繁复杂的形势和繁重艰巨的任务，领导干部必须以蓬勃朝气、昂扬锐气、浩然正气和舍我其谁的胆识，视担当为使命，强化问题意识和问题导向，直面矛盾、正视困难，勇于改革、大胆创新，勇于拼搏、不懈奋斗，争创一流业绩。

生活从不眷顾因循守旧者，只会将机会留给改革创新的人。"新故相推，日生不滞。"自然界的进化、人类社会的变迁，总体上是不断由低级向高级发展的过程。在人类社会，这一过程就是推陈出新、破旧立新的过程。党的十八大以来，"创新"被列为"五大发展理念"之首，改革创新的思维是习近平总书记反复强调的思维方法之一，创新成了最鲜明的时代主题和精神追求。不日新者必日退。没有创新，工作就会一潭死水，事业就会停滞不前。特别是进入新时代，面对新变化、迎接新挑战、解决新问题，我们比以往任何时候都更加需要创新。经历和经验对干部很重要，但如果因循守旧、抱残守缺，终将被历史所淘汰。不断进行创新，是领导干部人生态度、价值取向和思想作风的综合反映，只有坚持创新无止境，主动从观念上、思维上、方法上与时俱进，才能适应日新月异的社

会发展，事业才有出路，个人才有进步。

新时代是奋斗者的时代，奋斗才能梦想成真。古人云："道虽迩，不行不至；事虽小，不为不成。"求真务实、不懈奋斗、开拓进取是马克思主义认识论和实践论精神实质的精辟概括，是我们党一以贯之的优良传统和作风。改革开放以来，我们党带领广大人民群众奋斗进取，干出了一片新天地，取得了举世瞩目的成就。新时期我们党面临"四大考验""四种危险"，在考验和危险面前改革攻坚、开拓进取，尤须领导干部培育"狭路相逢勇者胜"的坚强意志，永葆对待事业的激情，焕发担当作为、敬业奉献的热情，乐于奋斗、敢于奋斗，经受复杂环境的砥砺、急难险重任务的考验。时代是出卷人，领导干部是答卷人，人民是阅卷人。领导干部要交出一份不负时代的合格答卷，就要始终保持"在岗一分钟，奋斗六十秒"的奋斗状态，在干中学、在学中干，加快知识更新、加强实践锻炼，在不懈奋斗中开启新征程、有新作为。

56 成功不是将来才有的，而是从你决定去做的那一刻起，持续积累而成

没有实干，所有幸福和梦想都只能是空想。习近平总书记一再强调，一分部署，九分落实。领导干部必须崇尚实干，扑下身子真抓实干，沉心静气把各项决策、各项任务落到实处，务求取得实效。俗话讲："日日行，不怕千万里；常常做，不怕千万事。"抓落

实、促落实,重在列出时间表、画出路线图,统筹安排考虑各项工作,科学设定每项工作的完成时限,有计划、有步骤地扎实推进,一步一步、一项一项地完成。

不怕慢,就怕站。《荀子·劝学篇》中有句名言:"不积跬步,无以至千里;不积小流,无以成江海。"无数经验告诉我们,最笨的方法往往也是最快的。静心做人、沉潜做事、久久为功,可以说是最朴素的方法论。现实中,有的领导干部心浮气躁、急功近利,喜欢"大手笔",热衷于搞"大动作",往往带来的却是"大翻版""大折腾"。进入新时代,全面建设社会主义现代化国家,任务极为艰巨,绝不是"轻轻松松、敲锣打鼓就能实现的",需要我们以永不懈怠的精神状态和一往无前的奋斗姿态勇往直前,用逢山开路、遇水架桥的闯劲,滴水穿石、久久为功的韧劲啃硬骨头、涉险滩。

把想法变成做法,把心动变为行动。现实中,我们经常看到一些人说起"想法"来口若悬河、滔滔不绝,仿佛自己就是无所不能的"点子王""万事通",但若要问具体怎么做,实施过程中可能会出现哪些问题,又该如何解决,他们顿时就会傻了眼,甚至语塞词穷、乱了方寸;当遇到一点困难时,他们马上就打退堂鼓。道理很简单,光有想法而不知道怎么做,那么"想法"就永远只能是"想法"。古人云,"九层之台,起于累土"。在新时代,要把全面建设社会主义现代化国家的宏伟蓝图变为现实,必须不驰于空想、不骛于虚声,一步一个脚印,踏踏实实地干好每一项工作,不为失败找借口,只为成功找方法。如果干什么都三心二意、心猿意马,三天打鱼、两天晒网，最终必然一事无成。

57　最好的节约是珍惜时间，最大的浪费是虚度年华

　　时间的意义，永远都是被奋斗者赋予的。时间是奋斗的尺度，是筑梦的空间。时间是个变量，但主动权掌握在每个人手中。平凡与伟大的辩证哲理就在于：把每一项平凡工作做好就是不平凡，把每一项小事做好就是大事业；一切平凡的人都可以获得不平凡的人生，一切平凡的工作都可以创造不平凡的成就。我们无法违抗寒来暑往、春秋代序的时间规律，却可以通过奋斗赢得尊严，通过梦想矫正惰性，通过规划描绘未来，通过改革开拓动能，通过履责收获不凡。

　　最美的风景永远在前方，追梦的脚步永不停歇。"垂大名于万世者，必先行之于纤微之事。"古今中外，凡是有建树的人，必然有一种担当大任的责任感，能做到知责与履责的有机结合。中国共产党人的初心和使命，就是为中国人民谋幸福，为中华民族谋复兴。这是广大党员干部义不容辞的光荣职责，既是应该认真做的事情，也是必须认真做的事情。当此长河奔腾、万物勃发的新时代，我们更加懂得以梦想坚守平凡、以奋斗创造不凡的价值。只要有追求、有闯劲、有奋斗，任何人都可以在梦想的舞台上展现人生价值。广大领导干部必须勇于担当，把为人民谋幸福的职责扛在肩上，知行合一，善于执行，扑下身子，狠抓落实。

　　浪费时间是最大的不幸，抓住机遇是最大的幸运。最有效的行

动时机是现在。有句话说得好,看不清未来,就把握好现在。干事业就是砥砺人生革命志向,就如同旋转的陀螺,没有精神动力的激励,就很难再旋转,慢慢地就会失去平衡。"逆水行舟用力撑,一篙松劲退千寻。"进入新时代,踏上新征程,肩负新使命,领导干部更应当珍惜自己的政治生命,把实现好维护好发展好最广大人民根本利益作为一切工作的出发点和落脚点,只争朝夕、不负韶华,推进中国特色社会主义事业不断向前发展。

用汗水浇灌收获,以实干笃定前行。 无穷伟力蕴藏在人民群众中,无穷奇迹厚植于平凡奋斗中。习近平总书记对新时代奋斗者的赞誉,生动展现出"有梦想,有机会,有奋斗,一切美好的东西都能够创造出来"的实干哲学,充分诠释了"人民是历史的创造者,是时代的雕塑者"的唯物史观,汇聚起亿万人民团结奋斗、同心筑梦的深厚力量。奋进正当其时,圆梦适得其势。在新时代,领导干部要自觉践行以人民为中心的发展思想,把人民放在心中的最高位置,把全心全意为人民服务的根本宗旨落在行动上,把为人民谋幸福的职责扛在肩上。

58 活着不是要用眼泪博得同情,而是用汗水赢得掌声

聂荣臻元帅曾说:"碰到了困难,人们就想起长征,想想长征,就感到没有克服不了的困难。"实现中华民族伟大复兴进入关键时期,船到中流浪更急、人到半山路更陡,必然面临更多艰难险阻。

志行万里者，不中道而辍足。破解深化改革难题，维护良好发展环境，应对各种困难挑战，就需要拿出敢打硬仗、敢涉险滩的勇气和魄力，锻造担当的铁肩膀、实干的硬功夫，涵养干事创业、奋勇争先的精气神。领导干部必须咬定青山不放松，快马加鞭不下鞍，走好新时代的长征路，向历史、向人民交出新的更加优异的答卷。

多讲功劳不讲苦劳，多流汗水不流泪水。冰心曾说，"成功的花儿，人们只惊羡于它现时的明艳！然而当初的芽儿，浸透了奋斗的泪泉"。人类的美好理想，都不可能唾手可得，都离不开筚路蓝缕、手胼足胝的艰苦奋斗。有了不怕牺牲、勇往直前的浴血奋战，中华民族才能站起来；有了敢教日月换新天的艰苦创业，才能摆脱积贫积弱、一穷二白的面貌；有了"杀出一条血路"的奋勇争先，中国和中国人民才能富起来。天上不会掉馅饼。历史只会眷顾奋进者，不驰于空想、不骛于虚声，才能一步步走向成功，收获大写的人生。

幸福源自奋斗，奋斗成就英雄。日日行，不怕千万里；常常做，不怕千万事。非凡孕育于认真、奋斗之中。无论做好一项工作，还是成就一番事业，都要一以贯之讲认真、讲奋斗。毛泽东同志指出："世界上怕就怕'认真'二字，共产党就最讲认真。""我们要保持过去革命战争时期的那么一股劲，那么一股革命热情，那么一种拼命精神，把革命工作做到底。"持之以恒、不浮不躁，脚踏实地、埋头苦干，才能干出大事业，成就真英雄。习近平总书记反复强调，要始终保持革命精神，"决不能安于现状、贪图安逸、乐而忘忧"。作为新时代领导干部，必须永葆蓬勃朝气，不向困难低头，不被挫折压倒，挺起精神脊梁，风雨无阻、高歌行进、坚持奋斗，努力创造无愧于时代的新业绩。

59 懒惰是罪恶的帮凶，也是失败的根源

"天下稍安，尤须兢慎，若便骄逸，必至丧败。"真正的成功，要靠奋斗做基石，靠勤学苦干做支撑。倘若不付诸努力，不踏踏实实地奋斗，只想走捷径、抄近道，就只能活在成功的幻想之中。立足现实、踏踏实实，不眼高手低、不急功近利，才能实现自己的人生价值。新时代是奋斗者的时代，奋斗的人生才是出彩的人生，奋斗的国家才会迎来美好的未来。领导干部要把奋斗作为通往美好未来的必经之路，主动担当作为，获得更有意义的成功。

懒惰和愚昧相亲，奋斗与胜利握手。"大凡初时聚精会神，没有一事不用心，没有一人不卖力……继而环境渐渐好转了，精神也就渐渐放下了。"黄炎培1945年的这番议论至今发人深省。当前，有的领导干部"当一天和尚撞一天钟""混日子"的心态严重，对工作应付了事，对单位事务漠不关心；以"偷奸耍滑"为荣，乐于"温水煮青蛙"，工作能推则推，不主动担当作为，等等。若被懒惰牵制，领导干部就容易停止思想的脚步、减小思维的力度，就会犯定式思维、经验主义的错误，逐渐丧失斗志和进取心，贻误党和人民的事业。人在事上磨，方能立得住。领导干部要稳得住、沉

得下，告别心浮气躁、消极懒惰，积极投身火热的实践，做到既有宽肩膀，又有铁肩膀，既政治过硬，又本领高强，不辱使命、不负重托。

摘取果子必须上树，收获成功必须奋斗。哪儿有勤奋，哪儿就有成功。从不少成功人士的人生历程看，他们都是靠实打实的努力，一步一个脚印走到今天，没有谁是靠"成功学"起家的。纵观身边千千万万的社会主义建设者，无论科技界的领军人才，还是优秀的基层干部，抑或是业绩突出的快递小哥，他们取得的成绩，都源于对岗位的热爱与执着、激情与奋斗，没有人靠投机取巧、坐而论道随随便便取得成功。领导干部不驰于空想、不骛于虚声，求真务实、艰苦奋斗，以实干见真章，才能离成功更近。

60　游手好闲会使人心智生锈

当今世界正经历百年未有之大变局。实现中华民族伟大复兴的中国梦，需要一大批践行初心使命，击楫中流、劈波斩浪，能担重任的栋梁之材。若终日游手好闲、无所事事、得过且过，是无论如何也扛不起时代重任的，于个人于国家都百害而无一益。"知责任者，大丈夫之始也；行责任者，大丈夫之终也。"领导干部要以"等不起"的紧迫感、"慢不得"的危机感、"坐不住"的责任感，以"功成不必在我、功成必定有我"的精神，真抓实干、担当作为，关键时刻冲得上去、复杂形势稳得住脚、危急关头豁得出来，交出令历史、时代、人民满意的成绩单。

经常用的钥匙总是亮闪闪的。流水不腐,户枢不蠹。游手好闲、懒惰慵散,像生锈一样,比操劳更能消耗身体。贪图安逸与时代精神格格不入,游手好闲会让人知识老化、能力退化、智识弱化,使人在享受中消弭,在散漫中落后,最终被时代和社会所淘汰。领导干部若游手好闲,整天闲来无事、吃喝搓麻、品茶看报、遛鸟观花,长此以往,不但会导致自身精神懈怠、能力不足、消极腐败,还会与群众关系疏远,导致民众埋怨声不断。领导干部要深刻认识到慵懒、散漫的危害,坚持知行合一、真抓实干,做起而行之的行动者、不做坐而论道的清谈客,当攻坚克难的奋斗者、不当怕见风雨的泥菩萨,愿想、敢做、会干,做疾风劲草、当烈火真金,用知重负重、攻坚克难的实际行动,诠释对党的忠诚、对人民的赤诚。

闲时不废,才能忙时不慌。《国语·鲁语》中讲:"不厚其栋,不能任重。"有多大担当才能干多大事业,尽多大责任才会有多大成就。智慧源于思考,能力源于实践。盖有非常之功,必待非常之人。无论是干事创业还是攻坚克难,不仅需要客观条件,而且需要主观能动性。领导干部充分发挥积极性、主动性、创造性,履职负责、担当尽责,以"越是艰险越向前"的勇气,勇挑最重的担子,敢啃最硬的骨头,善接最烫手的山芋,面对大是大非敢于亮剑,面对矛盾敢于迎难而上,面对危机敢于挺身而出,面对失误敢于承担责任,面对歪风邪气敢于坚决斗争。

61 不做算盘珠子，拨一拨动一动；要做好良驹，不用扬鞭自奋蹄

习近平总书记指出："前进道路上，我们要大力发扬孺子牛、拓荒牛、老黄牛精神，以不怕苦、能吃苦的牛劲牛力，不用扬鞭自奋蹄。"新时代意味着新起点，新时代呼唤着新作为。只有始终保持昂扬向上的状态和干事创业的激情，自觉干事、主动作为、自我加压，拿出拼搏进取的闯劲、水滴石穿的韧劲、决不服输的拼劲，才能始终勇立潮头，堪当时代重任。领导干部当秉承一份初心、决心和恒心，增强干事创业的积极性、主动性、创造性，始终保持那么一股子燃劲、一股子闯劲和一股子干劲，不用扬鞭自奋蹄，冲在前、干在先，争做新时代好干部。

响鼓不用重槌敲。领导干部往往是团队的火车头。只有坚持干字当头、积极主动，愿干、苦干、实干，才能做新时代的好干部。现实中，有的干部沉湎于过去的成绩、眼前的成果，在骄傲和陶醉中故步自封；有的干部平平安安占位子，忙忙碌碌装样子，疲疲沓沓混日子，尸位素餐，无所作为；有的干部有居功不愿为、懦怯不敢为、无利不想为等消极作风，不仅贻误了发展机遇，更败坏了党风政风。领导干部要担当起为官一任、造福一方的责任，时刻将百姓疾苦、人民利益放在心上，用心用情为民，真心实意为官，顶在最前面、干在最难处，不负初心、不辱使命。

不用扬鞭自奋蹄。人们经常说"压力像弹簧，你弱它就强"。逃避压力，回避矛盾，只会故步自封，使自己满足于现有的水平和

能力，失去锻炼自己、挑战自己的机会。领导干部干工作有压力，干事才会更有动力，落实才会更加给力。只有不断激发自己的潜能和斗志，勇敢地去对抗、分解压力，挑战压力，甚至自加压力，自己给自己定目标下指标，在自我严格要求中不断进步和提高，才能不放松不懈怠、永葆进取之心。领导干部要把岗位当作干事的平台，精心谋事、专心做事，打消"差不多""歇歇脚""喘口气"的思想，主动经受严格的思想淬炼、政治历练、实践锻炼，练胆魄、磨意志、长才干，努力锻造成为烈火真金。

62 眼里有事，脑中想事，勤于谋事，用心做事，尽力成事

习近平总书记强调，干部要勇于直面问题，想干事、能干事、干成事，不断解决问题、破解难题。干事是干部的天职。而要把事情做对、做好、做实，就要多闻多察、深谋远虑、尽心用力。进入新时代，领导干部只有秉承为民做事的执政理念和求真务实的过硬作风，多谋事、多做事、多成事，才能切实担负起岗位赋予的职责使命，真正做到不辱使命、不负韶华、不负重托。

手到眼不到，真是瞎胡闹。人们经常说，看不到问题就是最大的问题。做好工作首先就要有一双知形识势的眼睛，善于观察事物现象、本质和规律，从而及时精准地发现问题，清楚地知道自己该做什么事、应该怎样做事。如果只顾埋头做事，而眼里没有事，就只能做而无功、做而出错。拳语云，"心为主帅，眼为旗"。"旗"

就是方向、就是目标。领导干部做工作，只有修炼识"势"的"天眼"、识"世"的"慧眼"、识"时"的"明眼"、识"事"的"亮眼"，去透过现象看本质，做到眼里有情、眼里有事，才能不断提高做工作的科学性、预见性、主动性，使领导工作体现时代性、把握规律性、富于创造性。

善谋者胜，远谋者兴。在其位，就要谋其政。想事是基本前提，谋事是中心环节。谋事能力是领导干部的基本能力，谋划水平是领导干部理论功底、政策水平和业务素质的综合体现。领导干部作为重要的决策者、"领头雁"，在开展工作、执行任务时一定要深思熟虑、深谋远虑，"三思而后行"。否则，谋事不准、做事不实，则将劳民伤财、迟滞发展。领导干部要坚持一切从实际出发，尊重科学、遵循客观规律，提出正确的思路，拿出切实可行的政策措施。

竭其智，善其事。《论语·述而》有言，"暴虎冯河，死而无悔者，吾不与也。必也临事而惧，好谋而成者也"。空有匹夫之勇终难成事，唯有遇事小心谨慎、善于谋划并完成任务，抓落实所用之力才有意义。成事的重要前提是干部必须自身过硬，尽心尽力的同时，也有能干事的本事。领导干部要着力锤炼"八项本领""七种能力"，在实践中多经历"风吹浪打"、多捧"烫手山芋"，不断解决问题、破解难题，炼就金刚不坏之身，做到干成事、不出事。

63 用努力为进步搭梯,用热爱为事业保鲜

《礼记·王制第五》有言,"凡官民材,必先论之。论辨然后使之,任事然后爵之,位定然后禄之"。为官之人,必须先胜任本职工作,才能给予相应的权位。领导干部只有用奋斗为事业担当,用热爱为工作注入强劲动力,在工作、学习上不断努力、成长进步,才能创造经得起实践、人民和历史检验的实绩。

树之茂盛靠扎根,人之进步靠勤奋。习近平总书记强调:"'宝剑锋从磨砺出,梅花香自苦寒来。'人类的美好理想,都不可能唾手可得,都离不开筚路蓝缕、手胼足胝的艰苦奋斗。"有了努力的干劲,才能更好地克服工作中的艰难险阻,才能走进通向事业有成的通道。推进中国特色社会主义事业,需要广大干部把每一份工作当作事业干,绵绵用力、久久为功,共同努力、接续奋斗。在百年未有之大变局中,每一个追梦的姿态,都将定格为历史;每一滴奔跑的汗水,都将浇灌出未来。新时代领导干部要发扬好永不懈怠的进取精神,当好不断努力的前行先锋,过了一山再登一峰、跨过一沟再越一壑,向上攀登、向远前行、永不止步,努力书写好新的历史答卷。

执着之心永葆,事业之树常青。对事业的热爱是一种信念、一种情怀、一种单纯的向往,是一种为事业甘心付出的状态。长城不是一天就能建成的,事业也不是一天两天就能干成的。把工作当作一份事业、当成爱好来干,在工作中能有所乐的人,能时刻保持对事业的执着和进取之心,遇事敢担当、敢想敢干,甚至能为钟爱的

事业执着一生、穷其一生、奉献一生。作为领导干部,如果仅为完成任务而投入工作,则往往会导致坐井观天、只顾眼前利益的失当之举。领导干部要真正热爱自己的工作,把工作当作伟大的事业,将个人价值的实现与国家、民族、人民的命运紧密联系在一起,时刻保持干事创业的激情,永远忠诚地为党和人民奉献自己、燃烧自己。

64 慢慢腾腾,抓不住工作机遇;轻轻松松,实现不了工作目标;躲躲闪闪,解决不了工作难题

事业兴衰,关键在人;人之要者,在于作风。习近平总书记指出:"一个地方的工作,成在干部作风,败也在干部作风;一个地方的事业,兴在干部作风,衰也在干部作风。"立足新发展阶段,广大干部重任在肩、使命光荣,要以"等不起"的紧迫感、"慢不得"的危机感、"坐不住"的责任感,下好先手棋、打好主动仗,在困难面前敢闯敢试、敢为人先,在矛盾面前敢抓敢管、敢于碰硬,在风险面前敢作敢为、敢于创新。

光阴似箭不等人,时不我待争朝夕。时光一去不复返,干事创业如果犹犹豫豫、慢慢腾腾、拖拖拉拉,就很可能错失最佳的发展机遇。在社会主义现代化建设新征程中,各地都在你追我赶、奋勇争先,积极抢占发展制高点,号角声声催人奋进。面对形势严峻、快速变化的发展环境,领导干部切不可慢慢腾腾,更不能心安理得

地等待观望。要做时不我待的行动者、只争朝夕的实干家,摒弃遇事"等、靠、要",树立强烈的时间观念和效益观念,强化立即行动、现在就做、马上就办的工作理念,绝不浪费和挥霍当下的每一寸光阴,只争朝夕、不负韶华,保持快节奏、追求高效率,抓好各项工作落实。

"等"不是办法,"干"才有希望。伟大事业没有终南捷径,任何成就都不会唾手可得。新时代呼唤新担当,新担当需要新作为。"当一天和尚撞一天钟""宁可不干事,确保不出事"等得过且过、慵懒懈怠的思想,要不得。领导干部要像"老黄牛"一样心无旁骛、勤恳踏实地耕作,甘心为工作吃苦、为群众吃苦、为事业吃苦,少说空话多干实事,以不加快发展则坐不安心的危机感、不做出新业绩就食不甘味的紧迫感,以肯干提升境界、以敢干展示气魄、以实干赢得尊重,不叫一日空过。

唯有迎难而上,才能迎刃而解。难题不会自生自灭,事不避难方能致远。焦裕禄说"不改变兰考的面貌,我决不离开这里",廖俊波以"背着石头上山"自勉,黄大年愿"做一朵小小的浪花奔腾"等,都充分展现了党员干部勇于担当的崇高风范。干事创业的道路上,困难不会自动消失,难题不会自己解决,畏难避难除了把矛盾拖大拖炸,起不到任何作用。领导干部只有愿担当、敢担当、善担当,才会积极主动寻求解决问题的办法,想方设法做好工作,实实在在为群众办事,用认真负责的态度攻坚克难。面对矛盾和问题,领导干部要有强烈的担当精神,问题再大、困难再多、矛盾再重,都要坚定信心、不畏艰险,以"明知山有虎、偏向虎山行"的劲头，涉险滩、破坚冰、攻堡垒、拔城池，尽心尽力干好工作。

65 工作安排不等领导问，工作执行不等领导催，工作结果不让领导忧

态度是责任和作风的体现，面对同样一件事情，采取不同的态度，最后的结果截然不同。想问题、做事情不等、不靠、不误体现的是干部对党的事业的高度负责，体现的是干部富有激情、富有进取心的工作态度。中国特色社会主义进入新时代，我们党要有新气象新作为，这就要求领导干部有良好的干事创业态度，增强工作的系统性、前瞻性和主动性，不等不靠、担当负责。

早计划早安排，凡事打好提前量。实际工作中，绝不能领导不问就不思考、领导不问就不安排，或者领导问了才匆忙应付；也绝不能搞先斩后奏、边斩边奏，甚至斩而不奏，工作是怎么打算的、怎么安排的要及时向领导请示汇报，主动思考在前、谋划在前，一方面可以让领导放心，另一方面及时汇报情况又能为正确决策提供依据，以便重新调整思路和方法。领导干部要树立强烈的事业心和责任感，切实增强政治自觉、思想自觉和行动自觉，坚持目标导向、过程导向、结果导向相统一，主动担当起该担当的责任，以积极进取的精神状态、真抓实干的工作劲头，做到凡事有谋划、件件有着落、事事有反馈。

想在前干在前，凡事打好主动仗。不等不靠是一种积极主动的

工作态度，不是迫于外界的压力，而是来自自身的动力。一些干部在工作中经常出现见子打子、东奔西跑、疲于应付的情况，很多时候就是因为没有提前思考、认真谋划，没有做到谋定而后动，仓促行事、仓皇上马，导致工作被动，成效锐减。如果每一项工作我们都能不等领导问、不等领导催，思考在先、谋划在先、落实在先，就不至于方向不明、任务不清，就不至于干得被动、干得疲惫，出现手忙脚乱或者被动应付的情况。对于所承担的工作，要增强前瞻性和主动性，坚持想在前、干在前，对其中涉及的每一项任务、每一个细节，力争做到思必周、思必全、思必深、思必细、思必实，不惜力气、不当"鸵鸟"，主动担当、积极作为，时刻做到心中有数、手中有招，才能更好地推动工作开创新局面。

高标准严要求，凡事追求高质量。干部干工作，既要想干愿干积极干，又要能干会干善于干。只有善于干、干得好、不误事、不坏事，才能让组织放心、领导满意、群众认可。"有为"才能"有位"，"善为"方能"善成"。领导干部要继承和发扬好"共产党人最讲认真"这一优良传统，强化精品意识、细节意识，时刻拥有"没有最好，只有更好"的理念，养成严肃严格严谨地对待工作的习惯，绝不忽视任何一个细节，力争每一项工作都能做到谋划高标准、落实高效率、效果高质量，绝不放过任何一个疑点，要做就把一件事做到极致，真正做到"文经我手无差错，事交我办请放心"。

66 决不能疲疲沓沓、拖拖拉拉，决不能敷衍应付、作风漂浮，决不能畏首畏尾、推卸责任

习近平总书记强调："作为领导干部，党和人民把我们放在领导岗位上，责任重大，使命光荣，务必要在其位、谋其政、尽其责，真正做到为官一任、造福一方。"党的干部是推动党和国家事业发展的中坚力量。干部就要有干部的样子，必须始终保持只争朝夕、锐意进取、担当作为的态度作风，坚决摒弃拖延懈怠、敷衍塞责、推诿扯皮的恶习。

思想上积极主动，行动上雷厉风行。雷厉风行，是干部干事创业的一种精神状态。雷厉风行的对立面就是疲疲沓沓、拖拖拉拉。事实证明，凡是雷厉风行的地方和部门，就能打开局面，一步先行，步步主动；凡是疲疲沓沓、拖拖拉拉的地方和部门，总是愈拖愈慢，愈拖愈懒，直至拖垮。面对新情况、新问题、新矛盾，如果反应迟钝，拖拖拉拉，该决策的不能及时决策，该出手的不能及时出手，就不可能迅速打开工作局面，取得好的效果。领导干部抓工作一定要严如雷霆、快如迅风，定下来的事情就要争分夺秒、雷厉风行、抓紧实施，部署了的工作就要不打折扣、一抓到底、见到成效。

敷衍工作，就是敷衍自己。为什么有的干部一直在往上走，成长进步的速度很快，而有些干部总是原地踏步，甚至是越混越差？造成这种结果的原因很多，可能是没有遇到好的平台，没有遇到好的机遇，但最主要的原因还是在干部自己身上。如果在工作中总是敷衍了事、应付交差、作风漂浮，不把工作当回事，那最后的结

果就是工作也不把你当回事，最终敷衍工作变成了敷衍自己。领导干部要提振干事创业精气神，把全部的心思和精力用在推动事业发展上，拿出一股子求真务实、奋发有为的劲头来，克服"等、靠、要"的惯性思维和"怕、僵、满、木、私、浮"的懈怠情绪，撸起袖子加油干，争做时代的"劲草""真金"，成为推动高质量发展的中流砥柱。

谋事自升官三级，落实自降职一等。明代学者顾炎武的名言"天下兴亡，匹夫有责"阐述的是一种责任，革命先驱李大钊用一生践行的"铁肩担道义"展现的也是一种责任。习近平总书记指出："是否具有担当精神，是否能够忠诚履责、尽心尽责、勇于担责，这是检验每一个领导干部身上是否真正体现了共产党人先进性和纯洁性的重要方面。"不逃避责任，责任才可能落到你肩上。领导干部必须要有强烈的担当精神和责任意识，谋事提高站位、着眼全局，落实俯下身子、身先士卒，始终做到知责于心、担责于身、履职于行，坚持守土有责、守土负责、守土尽责，才能书写无愧于时代的华彩篇章。

67 戒除"慵懒散"，远离"拖延症"，不搞"慢动作"

"政如农功，不勤无以成事。"勤政是党的宗旨和性质的具体体现，也是古往今来对好官不变的评价标准。习近平总书记提出的新时代好干部标准，勤政务实是其中一条。当干部就应该坚持以勤为先，做到勤政为民，坚决杜绝"平平安安占位子，忙忙碌碌装样子，疲疲沓沓混日子，年年都是老样子"，要兢兢业业工作，踏踏实实干事，奋勇争先、建功立业。

碌碌无为是庸人所为，奋发图强是智者之举。在其位当谋其政，谋其政必尽其责。现实中，有的干部只想享受当官的"好处"，不想承担做官的责任，讲求工作"清闲"，追求个人安逸；有的做事无所用心，始终是一副心不在焉、得过且过的精神状态；有的以"只求不出事"当为官之道，一副不干事也不犯错其奈我何的样子，背离了党员身份，背离了党性宗旨。领导干部要清醒认识到，自己手中的权力、所处的岗位，是党和人民赋予的，是为党和人民做事用的，只能用来为民谋利。要胸怀强烈的政治责任感、历史使命感，不慕虚荣，不务虚功，不图虚名，以永不懈怠的精神状态和一往无前的奋斗姿态，把人生理想融入国家富强、民族振兴、人民幸福的伟业之中。

遇事情马上办，有任务立即干。习近平总书记指出，要"反对拖拉扯皮和人浮于事，提高办事效率，做到今日事今日毕"。千里之行，始于足下。任何伟大的理想，只要马上行动起来就都不迟，因为最好的行动就是从现在开始。一个缺乏勇气不能立即行动的人，只能天天走老路，永远无出路。作为领导干部，我们的行动关乎民生福祉、关乎国家发展，要卷起裤子、撸起袖子、甩开膀子、迈开步子，"马上就办""马上就干"，以不达目标不罢休的决心和韧劲，一锤接着一锤敲、一事接着一事办，做到善始善终、善作善成。

行动要迅速，落实要有力。抓落实是把决策部署变为实践、付诸行动的过程。习近平总书记明确要求领导干部提高"七种能力"，其中一点是要提高"抓落实能力"。"非知之艰，行之惟艰。"抓落实最重要的是要迅速、有力。领导干部要坚决破除"懒惰怠工、推推动动、不推不动"的不良作风，能办的事马上办，难办的事想方设法办，沉下心来、扑下身子，把工作往深里抓、往实里抓、往细里抓，踏石留印、抓铁有痕，把各项工作落细落小、落到实处，取得实效。

68 该办的事坚决办，绝不能拖；能办的事马上办，绝不能等；难办的事想办法办，绝不能退；需要协调的事合力办，绝不能推

习近平总书记强调，好干部必须"敢于旗帜鲜明，敢于较真碰硬，对工作任劳任怨、尽心竭力、善始善终、善作善成"。是否具有担当精神，是否能够忠诚履责、尽心尽责、勇于担责，是检验每一个党员干部党性观念强弱的试金石。面对新形势、新任务，领导干部必须涵养强烈的责任意识和担当精神，事不避难、主动作为，以良好的作风赢得群众的信任，促一方发展，造福一方百姓。

按职责种好自己的田，按时令收好自己的粮。每一个岗位都会有自己特有的职能和职责，每项工作的落实都有具体的时限要求。

做干部必须作风硬

领导干部居其位而不尽责，对该办的事总是拖拖拉拉，难免会被群众戳脊梁骨。要想成就一番事业，赢得群众的口碑，对该办的事，必须不拖，必须态度坚决干。当下，一些干部"做一天和尚撞一天钟"，奉行"多一事不如少一事"，办理事情"明日复明日"、推诿扯皮，长此以往，只会拖延工作进度，让事情落空，给各种歪风邪气以滋长的空间。领导干部要自觉增强履职的责任感、使命感，以发展为己任，以事业为追求，对于该办的事，必须坚决办、绝不拖着办。

案无积卷，事不过夜。拖延是干事创业的杀手，是干部作风的"硬伤"。一个单位、一个机构、一个系统，甚至一个国家，发展的任务很重，要解决的矛盾很多，干部如果没有"事不过夜""立说立行"的工作理念并付诸行动，就会贻误事业，阻碍发展。领导干部要发扬"只争朝夕"的精神，切实转变作风、提升效能，着力解决懒政怠政、"中梗阻""不作为""慢作为"等问题，以"等不起"的紧迫感、"慢不得"的危机感、"坐不住"的责任感担当作为、干事创业。

不怕事难，就怕手懒。《后汉书》中写道："志不求易者成，事不避难者进。"这告诫人们，惟有胸怀壮志，坚定不移、勇于担当，迎难而上、攻坚克难，才能获得成功。在困难面前，在危急时刻，在压力之下，是直面困难、迎难而上，还是临阵脱逃、望而却步，是对领导干部的重大考验。领导干部要有"明知山有虎、偏向虎山行"的勇气，在遇到艰巨任务时，要挺身而出、主动承担，千方百计抓好落实；在碰到难题时，要知难而进、迎难而上，想方设法解决问题；在出现问题时，要主动面对、负起责任，积极稳妥处理解决。

凝聚共识，形成共为。新时代，面对日新月异的形势，面对纷繁复杂的事务，面对盘根错节的人际关系，领导干部要想在干事创业上取得一定成绩，就需要具备较强的沟通协调能力，正确处理工作组织中的各种关系，推动事业发展。领导干部肩负重任，要自觉树立以"事业为重"的意识，具有"共同干一番事业"的胸怀，坚持用事业凝聚人心、用协调沟通凝聚力量，在共事、谋事、干事中增进团结，真正把心思用在共同谋划工作上，把精力放在共同推动改革发展上，心往一处想，劲往一处使，切实做到干事业一条心、抓工作一盘棋、谋发展一股劲。

69 遇到困难要主动研究、想方设法，决不能上推下卸；面对任务要立说立行、马上就办，决不能拖拉散漫

为政之要，贵在落实；落实之要，重在执行。拥有强大的执行力，是我们党的优良传统和重要政治优势。全面建设社会主义现代化国家新征程，需要领导干部在位有责、积极担当、善于成事。领导干部要锚定目标，真抓实干，加强调查研究、寻找破解难题之道，不断把美好蓝图变成生动现实。

只要思想不滑坡，办法总比困难多。在困难面前，推卸责任本质就是自己人生走向贬值、事业趋向垮台的开始。当前，我国处

做干部必须作风硬

于近代以来最好的发展时期，世界处于百年未有之大变局，两者同步交织、相互激荡，各种困难、问题、风险扑面而来。只有坚持问题导向，树牢问题意识，增强解决问题的勇气，善于抓住老百姓最急最忧最怨的问题，在调研中深化学习、在调研中寻求办法、在调研中创新工作，才能提升决策、执行、监督水平，推动工作取得实效。如果遇到问题就推诿，不仅不利于问题解决，而且会坏事、误事、败事。领导干部要正确对待问题，加强调查研究，想方设法问政于民、问计于民，拜人民为师，向人民学习，求得"会干"的能力，获取"善为"的成绩；要强化"为官避事平生耻"的意识，强化不负党和人民重托的使命感，以"想干愿干积极干"的姿态，意气风发、满腔热情地履职尽责。

只有干出来的精彩，没有等出来的辉煌。习近平总书记任福州市委书记时提出"马上就办"的工作要求，并就一桩半年多没有落实的事情，明确批示"从今天开始一周内办结"，要求各部门举一反三，"把从前石沉大海的批办件清理一下，应锲而不舍地要查办结果"。从此，"马上就办"成为福州干部的为民服务宗旨，成为讲效率、抓落实的行动指南。"一万年太久，只争朝夕。"领导干部要强化"事不过夜""立说立行"的工作理念，时刻保持时不我待、争先恐后的精气神，凡是该干的积极干、能赶的往前赶，与自己赛跑、与时间竞赛，按时按点分阶段完成各项任务，不断积小胜为大胜。

70 克服"自满"心态、强化进取精神，克服"等靠"心态、强化拼抢精神，克服"安逸"心态、强化攻坚精神

无论做什么事，一个人的心态、精神十分重要。心态和精神好，则一切都好。领导干部为官从政不可能时时事事都顺畅，只有时刻保持良好心态和积极精神，克服自满、等靠、安逸"三种心态"，强化进取、拼抢、攻坚"三种精神"，才能打破束缚脚步的思想观念，主动积极作为，战胜困难，化压力为动力，不负人民重托，出色完成各项任务。

心不自满，常思进取之路。《尚书》有道："满招损，谦受益。"自满是一种满足于已有成绩而沾沾自喜的心理，它是勤奋的终结。人一旦产生自满心理，就会渐渐地看不清方向、失去前进动力，思想上懈怠，精神上不思进取，过上"吃老本"的日子，最终"坐吃山空"。领导干部只有始终保持警醒，知不足、不知足，以空杯心态永远保持永不止步的进取心态，敢于放下已有的"成绩单"，不让昨天的成绩和荣誉成为继续前行的包袱，才能保持永不满足的清醒，以永不懈怠的精神昂首向前，跨越一个又一个高峰，不断追求新的成就。

不等不靠，常燃激情之火。天上不会掉馅饼，机会靠自己去争取。一个"等靠"的人，往往等着别人帮助、靠别人救济，少了一股拼劲，缺少自力更生的精神。如果领导干部"等靠"心态严重、动力不足，不想为、不愿为，庸政懒政怠政，习惯于坐享其成，缺乏内生动力，就会在机遇面前无所作为，就会错失良机，必

将危害党和人民的事业。领导干部只有树牢强烈的事业心,发挥主动性,激发内生动力,在干事创业中不等不靠,增强"等不起"的紧迫感、"靠不得"的责任感,转变"要我干"为"我要干"的心态,尽自己最大的努力,以敢拼敢抢、敢闯敢干的精神出色地完成工作,才能抓住机遇、把握机遇、用好机遇,赢得未来。

安不忘忧,常怀拼搏之志。古人云:"生于忧患,死于安乐。"直言安于现状的危害性。"宝剑锋从磨砺出,梅花香自苦寒来。"越是艰苦环境、坎坷经历,就越能磨炼意志、激发上进心;越是安逸舒适,就越容易浇灭斗志、陷于安乐。一个人生活上的安逸优越,常常是意志衰退的先导,安逸的日子过多了,结局都不是太美好。领导干部只有坚守精神追求,发扬"先天下之忧而忧"的政治抱负、"鞠躬尽瘁死而后已"的献身精神、"不经一番寒彻骨,怎得梅花扑鼻香"的攻坚精神,从中汲取强大的精神力量,艰苦奋斗,才能一如既往向前冲,风雨无阻向前进,踏平坎坷攀高峰。

71 拿出敢想敢干、真抓实干的劲头,确保"零推诿";保持马上就办、立即就干的速度,确保"零延误";追求全面细致、准确无误的质量,确保"零差错"

习近平总书记强调,不做推诿扯皮、不思进取的庸官。庸官之庸,就庸在丧失了党员干部该有的事业心、责任感,不解决群众急事难事烦心事,占着为民排忧解难的位子,却任由小事拖大、大事拖炸。面对新时代新使命新任务，领导干部要敢于"在困难面前逞英雄"，大力弘扬"马上就办"的服务精神，常怀精准意识，多做精准之事，确保干事不推、不拖、不失误。

不做矛盾击球手，要当难题终结者。不推诿不卸责，是纾解问题的正确之道，更是最起码的为政职责所在。领导干部要有承担责任的魄力、迎难而上的勇气，敢于直面工作中的问题与挑战，脚踏实地、扎实肯干，不推诿扯皮、不拖沓敷衍，以抓铁有痕、踏石留印的担当精神和敢拼敢闯的实际行动诠释对党的忠诚、对人民的赤诚；要克服畏难情绪，以昂扬的斗志、饱满的精神投入到工作中去，求突破、担大任、不怕事，敢想敢干、真抓实干，敢于涉险滩、动奶酪，敢于破难题、闯难关，敢于蹚路子、辟新径，不"踢皮球"，不"撂担子"，确保工作"零推诿"。

今日事今日毕，明日事今日计。干事效率体现作风、反映党风、展示政风，与民心民意紧密相连。"马上就办、立即就干"，体现的是为民执政的情怀、敢于担当的气魄、求真务实的魅力。领导干部要将其作为从政的基本准则，摆正服务群众的根本态度，创新办事的方式方法，不断提高办事效率，群众的事情既要快办，也要实办，还要办好，不放"空炮""哑炮""马后炮"，以实干作风赢得人民群众的支持与拥护；要树立强烈的时间观念和效益观念，闻风而动、只争朝夕，决不拖拖拉拉、半途而废，要给要办的事明确时间表、标定路线图，分清轻重缓急，既要办出高水平，又要办出高效率，还要办出硬作风，不让任何一件事情半途而废，确保工作"零延误"。

做干部必须**作风硬**

文经我手无差错，事交我办请放心。习近平总书记强调："突出重点，对准焦距，找准穴位，击中要害，推出一批能叫得响、立得住、群众认可的硬招实招"。天下大事，必作于细。干工作要从细节处着手，养成精准思维习惯，不能满足于一般化、大呼隆抓，不能以原则应对具体，要一一回应，具体解决。狠抓落实，贵在精准，目标要精准，问题要精准，对策要精准，实施要精准。领导干部要善于把握好尺度，掌握好规律，把基础工作打扎实，缜密思考、细心为之，做到"步步精准"，细致入微，不能有丝毫的懈怠和偏差，确保工作"零差错"。

第四篇

过硬的砥砺奋进 敬业奉献作风

72　为官避事平生耻，重任千钧惟担当

勇担当、敢负重、有作为，是中国共产党人的政治本色。中国特色社会主义进入新时代，面对人民群众对美好生活的迫切向往，敢不敢担当、善不善作为、能不能成事是摆在党员干部面前的时代考题。作为一名领导干部，每个人都担当着不同的工作角色，无论担任何种职务，做什么样的工作，都肩负着沉甸甸的责任。领导干部履职尽责，要以居安思危的政治清醒、坚如磐石的战略定力、勇于斗争的奋进姿态，敢于闯关夺隘、攻城拔寨。要牢记党的宗旨，牢记人民的期待，主动担当、自我加压、知重负重，以担当的宽肩膀扛起重任，用辛勤努力换来群众更多的获得感、幸福感、安全感。

责任无处不在，担当义不容辞。习近平总书记指出："当干部就要有担当，有多大担当才能干多大事业，尽多大责任才会有多大成就。"担当是时代精神的标注，任何懈怠和松劲都是对历史和人民的不负责任。如果当官不担当、不作为，不仅成不了事，而且注定

坏事、贻误大事。党员干部的担当,不是喊口号、拍胸脯,而应体现在立足本职岗位的埋头苦干中,体现在急难险重关头的挺身而出上,体现在为群众办的每一件好事实事里。领导干部要始终挺起共产党人的精神脊梁,克服消极懈怠、为官不为等不良心理和状态,坚定干事创业信心,焕发干事创业激情,以夙夜在公、只争朝夕的工作状态,更加自觉地谋事、干事、成事。

在其位谋其政,尽其责成其事。"正入万山圈子里,一山放过一山拦。"全面建设社会主义现代化的航船云帆高扬,更加需要担当者负重负荷的肩膀,需要创新者敢破敢立的勇气,需要实干者耕耘耕作的步伐。领导干部要敢担事,不怕得罪人,不怕啃"硬骨头",敢于直面矛盾和问题,做到"平常时候看得出来,关键时刻站得出来,危难关头豁得出来"。要善谋事,胸怀大局、通盘考虑、全方位思考,科学谋划,解改革所忧,助发展所需,用汗水浇灌收获,以实干笃定前行。

73 责任有大小,责任心无大小;每个岗位,都是一副担子;每个职务,都有一份责任

人的能力有大小,水平有高低,但工作能不能干好,很大程度上取决于有没有责任心。没有强烈的责任心,就失去了干工作的根本动力,就不会有过硬的工作质量,工作就不能很好地得到落实。荀子有言,"凡百事之成也,必在敬之;其败也,必在慢之"。作为

新时代的领导干部,在其位就要谋其政,要有一副担当责任的"铁肩膀",始终保持责任在本级、尽责在任期的责任心,坚决顶起自己该顶的那片天,不负重托、不辱使命,赢得人民群众的信任和支持。

职位有高低之分,责任心无大小之别。 岗位是每个工作人员安身立命之所,是施展个人才华的舞台。每一个人都有自己的岗位职责,每一名干部都有自己的使命。每个领导干部的岗位虽不尽相同,所负责任也有大小之别,但要把工作做到尽善尽美、精益求精,都离不开强烈的责任心。责任心既是最基本的职业精神,也是一个人工作的基本准则,有了责任心才能不断开拓进取。领导干部的责任心,则是宗旨观念和价值取向问题,是对党和人民的态度问题。习近平总书记强调,要强化责任意识,知责于心、担责于身、履责于行,敢于直面问题,不回避矛盾,不掩盖问题,出了问题要敢于承担责任。作为领导干部,要切实做到责随职走、心随责走,始终以敢于负责的态度、承担风险的勇气、改革创新的精神、求真务实的作风、只争朝夕的干劲,靠前指挥,冲在前头,不当"甩手掌柜",做到守土有责、守土负责。

责任心支撑事业心,事业心彰显公仆心。 "一家之人各弃其责,则家必落;一国之人各弃其责,则国必亡。"尽责到底、事不避难,是领导干部最起码的职业操守和从政道德,是事业成功的基本条件和重要保障。面对责任、重担,是否敢接"烫手山芋"、敢闯新路险关,决定一个人的贡献作为,也影响工作能否顺利推进。躬身入局、挺膺负责,才能成为群众的主心骨、发展的带头人。领导干部要切实树立坚定的理想信念,自觉运用马克思主义世界观、人生观、价值观来武装头脑,永远站在人民的立场,坚持权为民所用、情为民所系、利为民所谋,真正当好"人民的勤务员";要对祖国、老百姓有真挚的爱心和深厚的感情,遇事多站在老百姓的立场上去考虑,少想"得失比",多想"担当值",做到在思想上尊重群众,在感情上贴近群众,在工作上为了群众。

74 责任心强,再大的困难也可以克服;责任心差,很小的问题也可能酿成大祸

古希腊神话中有这样一句话:人,其实是背负了一个行囊在赶路,肩上担负着家庭、儿女、朋友、事业、希望等,历尽艰辛,却无法丢弃其中任何一件,因为行囊上写着"责任"二字。责任心是具有责任感的心态,是指个人对自己和他人,对家庭和集体,对国家和社会所负责任的认识、情感和信念,以及与之相应的遵守规范、承担责任和履行义务的自觉态度。对于干部而言,责任心是对党和人民事业负责的态度,是党的宗旨观念和价值取向的具体体现。工作的成效如何,直接取决于干部责任心的强弱。

责任心有多大,事业就有多大。责任心是干部的立身之本和为政之德。毛泽东同志有句名言:"世界上怕就怕'认真'二字,共产党就最讲'认真'。"习近平总书记也强调:"讲认真是关系党和人民事业的大问题,是关系世界观和方法论的大问题,是关系党的性质

和宗旨的大问题。"共产党人讲的"认真"就是有责任心、负责任的表现，这不仅是我们共产党的根本工作态度，更是我们共产党人一以贯之的政治本色。领导干部责任心强，才能忠于职守、勤奋工作、履职尽责，战胜艰难险阻，成就一番事业；责任心差，只想当官、不想做事，面对矛盾绕道走、对待问题没主意，缩手缩脚、畏首畏尾，工作就难以推进，小问题就会越积越多，最终引发严重后果，酿成大祸。为官一任、担责一方，领导干部一旦踏上一个岗位，就是选择了一份使命，就要承担岗位所赋予的责任，就当提振"一日不为、三日不安"的责任心。

事事增强责任心，时时保持责任感。习近平总书记强调："权力就是责任，责任就要担当。"看一个领导干部，很重要的是看有没有责任感，有没有担当精神。干部的权力与责任是呈正相关的，世上没有无权力的责任，也没有无责任的权力，责任心是权力行使者所必须修炼的"内功"。忠于职守、以高度的责任心履职尽责是做干部的基本职业操守和道德品质。责任有大小，责任心没有大小。领导干部必须时刻具备高度的责任心，始终保持"放心不下"的责任感，用心用情用力做好每一项工作，忠诚履责、埋头苦干、有所作为。必须时刻用责任心来校准权力观，有了这份权力，就要为党负责、为民尽责、自律守责；有了这份责任，就要掌好权、用好权，用人民赋予的权力服务好人民。

75 困难再大,大不过人的意志;挑战再多,多不过人的智慧

困难和挑战是人生最好的老师和朋友,也是让人一步一步走向成熟的"催化剂"。困难与挑战无时不在,只有勇于面对挑战、勇于克服困难的人,才能不断接近胜利,最终走向成功。作为一名领导干部,就应该始终将困难和挑战当成人生的宝贵财富,把困难和挑战作为"磨刀石",在迎战困难和挑战的斗争中磨砺意志、增长才干、集聚智慧。

精神经百炼,锋锐坚不挫。"困难就像弹簧,你强它就弱,你弱它就强。"困难对于弱者而言,就是"绊脚石",而对于强者来说,它就是"垫脚石"。强者之强,不在于官位有多高、权力有多大、资源有多雄厚,而在于意志有多坚定,在于有没有挑战困难的勇气、向困难叫板的硬气。毛泽东同志在评价抗美援朝战争时曾这样说:"志愿军打败了美国佬,靠的是一股'气',美军不行,钢多'气'少。"与美军截然不同,我军虽"钢少"但"气多",正是凭着敢于向一切强敌和困难亮剑的大无畏之气打败了"联合国军"。事实上,困难和问题并不可怕,可怕的是面对困难意志不坚、硬气不够。领导干部作为干事创业的中坚力量,就要始终保持那一股子硬气,敢于在与困难作不懈斗争中锤炼自我、锻打己身、砥砺奋进之力,在战胜一个又一个困难中一步一步向前进。

金刚石再硬,智慧也能让它变软。挑战中蕴含着机遇,机遇中也伴随着挑战,挑战与机遇永远都是一对孪生兄弟,都是共生

共存的，也是可以相互转化的。面对挑战不畏惧，并采取积极的态度、科学的方法、有效的举措，就会让挑战变成机遇；面对机遇前怕狼后怕虎，缺乏有力管用的应对之策，不能克服心理上的障碍，缺乏抓住机遇的本领和智慧，就会与机遇失之交臂甚至变成挑战。面对瞬息万变而又复杂多样的国内国际形势，领导干部要不断强化危机意识，不仅要有直面挑战的决心和勇气，也要有化危为机的真智慧、硬功夫，善于从困难和挑战中敏锐地捕捉到可能孕育着的新机，并创造由危向机转化的条件，也要善于从成功和顺境中前瞻性地判断可能埋藏着的风险，并提前采取积极稳妥的化险为夷之策，做到面对困难和挑战不卑不亢，面对成功和机遇不骄不躁。

76 胜利者永不放弃、放弃者永不胜利

世界上没有不劳而获的胜利，也没有平白无故的失败，胜利者的背后必然饱含着汗水与心血，饱含着永不言弃的坚持。可以说，永不放弃者并不一定能够成为胜利者，但放弃者注定不能取得最终的胜利；胜利的果实永远挂在树梢上，且一个比一个大，需要不断付出艰辛的努力才可能摘到更大的胜利果实，胜利者的聪明在于永不停止前进的脚步，永不放弃对胜利的执着追求。

成功的必然之路，就是不断地重来一次。事物的发展总是曲折式前进、螺旋式上升的，而且"曲折"和"螺旋"是事物发展

变化的常态，我们要充分认识到这一点，坚定战胜一切艰难困苦的必胜信心，遵循事物发展的基本规律，沿着事物变化的逻辑路线坚定前行。有必胜信念，才可能成为战场上的胜利者，才能够以更加积极的心态，面对通往成功道路上的种种险阻和暂时出现的失败。对领导干部而言，尤须把握好事物演变的基本规律，把短暂的失败与长久的胜利统一起来看，树牢必胜信心，坚持攻克一个又一个困难、实现一个又一个小目标，不断积小胜为大胜、积小成为大成。

被击倒并非最糟糕的失败，放弃尝试才是真正的失败。习近平总书记指出："山再高，往上攀，总能登顶；路再长，走下去，定能到达。"万难之难，难在韧劲不足，难在战胜自我、挑战自我的意志不坚，难在恒心不够、半途而废。换句话来说，再难办的事情，只要持之以恒，总能办成办好，再容易做的事情，如果缺少坚持、虎头蛇尾、不讲方法，也会办砸。坚持的人不一定会成功，但放弃的人一定不会成功。执着，对于领导干部而言，是为官从政的一种基本素养，也是推动工作落实的重要保障。做事情顾首不顾尾，或者轰轰烈烈开头、草草了事收场的领导干部，不仅不能把事情办扎实、办成功，还会让事情沦为"半拉子工程"，损害的是党和政府的形象，浪费的是国家的宝贵资源，这样的领导干部是不合格的。领导干部只有胸怀执着之心，盯着问题抓解决、盯着任务抓落实，对党和人民负责任，永不放弃、一抓到底，才能不断取得成功。

77 困难和挫折都不可怕，可怕的是丧失做人的志气和勇气

干事创业的过程，就是与困难和挫折作斗争的过程，就是"经受挫折—克服困难—走向成功"的循环往复的过程。没有一帆风顺的成功，也没有渡过不了的难关，有困难和矛盾并不可怕，可怕的是没有远大的志气和战胜困难的勇气，可怕的是总为失败找借口，不为成功找方法。领导干部只要思想不滑坡、志气不丧失，办法总比困难多。

立志不坚，终不济事。《论语·子罕》有言："三军可夺帅也，匹夫不可夺志也。"志气，是指心志气力，也就是积极上进或做成某事的决心和勇气。志气是支撑一个人跨越困难与挫折的重重"鸿沟"，进而奔向成功的重要精神力量，一个有大志向的人，往往有明确的奋斗目标，有坚定不移的意志，不怕各种困难，越是在条件艰苦、经受挫折的条件下，越是能表现出超乎常人的坚韧与勇气；一个没有志气的人，就好比没有骨头，是立不起来也干不成事情的，任何一丁点儿困难和挫折就会把他击垮。作为新时代的领导干部，必须立大志、立长志，把大志与长志统一起来，以"踏平坎坷成大道"的坚定意志，努力克服前进道路上的艰难险阻。

一敢天下无难事，有胆有识就有路。不大胆地冒险，人生便一无所获。许多事情不是能不能的问题，而是敢不敢的问题。推进中国特色社会主义伟大事业，从来没有现成的道路可走，一代代共产党人正是靠着胆识，迎难而上，攻坚克难，解决了许多长期想解决

而没有解决的难题，办成了许多过去想办而没有办成的大事，推动党和国家事业取得历史性成就、发生历史性变革。在干事创业的道路上，总会有这样那样的困难和挫折，要成功，就必须接受遇到的所有挑战，胆识兼备、破解难题，才可能不辱使命、有所作为。领导干部要以"敢教日月换新天"的政治智慧、担当精神和决策能力，深刻把握事物发展的客观规律，找出并解决制约发展的主要矛盾和关键问题，迎难而上，攻坚克难，开创新局面，取得新成就。

78 没有进取之心，没有当先之志，没有坚毅之气，要做好任何事情都很难

樱桃好吃树难栽，幸福不是从天降。没有天上掉馅饼的事情，要始终保持积极进取的姿态。艰难困苦，玉汝于成。人如果没有进取之心，没有当先之志，没有坚毅之气，就失去了向高处攀登的勇气，失去了成事之基和力量之源，终将一事无成。领导干部绝不能"小富即安"，不能"功利自我"，更不能"退缩不前"，而须勇往直前、带头冲锋、百折不挠，才能有所建树。

无志难成易事，有心易克难关。事业征程，从来少有康庄大道；蟾宫折桂，自古未见轻而易举。想要做好一件事，意志决定你的成功，进取决定你的未来。哪怕是最没有希望的事情，只要肯进取、肯登攀、肯坚持，到最后就会成为希望。习近平总书记指出："历史总是要前进的，历史从不等待一切犹豫者、观望者、懈怠者、

软弱者。只有与历史同步伐、与时代共命运的人,才能赢得光明的未来。"党和人民的事业等不得、拖不得、慢不得,当今时代又是一个船到中流浪更急、人到半山路更陡的时代,是一个愈进愈难、愈进愈险而又不进则退、非进不可的时代,领导干部不能观望和等待,更不能有躺在"功劳簿"上"吃老本"的守成心理,只有奋勇争先敢为人先,才能日新日进。

大事难事看担当,考验面前显精神。习近平总书记强调:"首先是自己要始终充满激情、充满干劲,这样去干事业,才能更加主动、更加自觉。"面对困难是敢于冲锋陷阵还是甘当逃兵,面对挑战是"给我冲"还是"跟我上",是一张蓝图绘到底还是三易旗帜改弦更张,直接关系到事业的成败兴衰。领导干部要锐意进取,敢想敢干,比学赶超、争创一流,时刻保持昂扬向上的斗志,时刻保持永不停歇、永不止步的精神,去奋斗、去追求、去超越;要敢干敢闯,把干事创业作为自己的天职,保持极端负责的态度,使思想在状态、工作在状态,保持那么一股劲、那么一股革命热情,"躺着想事、坐着议事、站着干事",永远"乐此不疲";要果敢坚韧,困难面前顶得过去、关键时刻冲得上去、危难关头豁得出来,做冲锋陷阵的战士,永葆顽强拼搏的精神和动力。

79 如果失去了顽强的意志,困难就会给你戴上枷锁

所谓意志,就是一个人能自觉地选择、确立和实现目标的过

程。意气风发还是颓靡消沉，局面肯定大为不同。对领导干部来说，拥有崇高的理想和坚韧不拔的意志是实现目标的重要前提。要想做事、做成事，就必须"韧"字当头，具备坚韧如铁的顽强意志，否则，就如"为山九仞，功亏一篑"，难成大事。

道难而行至，志坚则事成。千里之行，始于足下，唯有意志顽强才能行稳致远。意志坚定，困难就会低头；意志薄弱，困难就会向你发起攻击，甚至给你戴上枷锁。红军正是凭借顽强的意志，爬雪山、过草地、夺关卡，战胜千难万险，取得长征伟大胜利。现实中，一些干部混混沌沌，蹉跎岁月，逐渐消磨了意志，拼劲松了、干劲弱了、闯劲没了，或是患了"守摊病""不为病""畏难病"，暮气沉沉、缺乏朝气，做工作自然难以迸发锐气，最终肯定一事无成。面对挑战，领导干部只有不懈努力、励志前行，才能战胜困难、成就自我、书写辉煌。

坚忍维持而后再振，坚忍力争而后有济。曾国藩曾告诫后人，面对困境，要坚韧不拔，面对挑战，要忍住急躁，时机到时，出手力争，才有可能重振声威，经世济民。战胜困难的过程必是"苦其心志，劳其筋骨，饿其体肤，空乏其身"的艰辛磨砺过程，也正是因为这样的人生淬炼，才能思想跃然升华、信念愈加坚定、毅力不断坚强、人格日臻完善，从而实现远大人生抱负。领导干部要想在纷繁复杂的环境中求生存谋发展，在各种风险挑战中游刃有余，在压力挑战面前稳得住，就必须具备超强的意志力、过人的自制力。要多经事、多磨砺、多实践，锤炼"泰山崩于前而色不变"的气魄，内心平静坦然、无所畏惧。要筑牢信仰信念之基，在易走神时不分心、在难坚持时不松劲，做到"心不动于微利之诱，目不眩于五色之惑"，蹚开天高海阔的征途，成就气象万千的人生。

80 没有辛勤耕耘，哪有一招制敌；没有汗水挥洒，哪有无往不胜

勤奋努力是人生的一种精神状态，是对生命的一种赤子之情，更是成功的重要基础。"勤能补拙是良训，一分辛苦一分才。"曾国藩幼时天赋不高，但他一生勤奋，最终成为中国历史上最有影响力的人物之一。"勤奋是拥有之母，拥有是勤奋之子。"领导干部要想实现价值、成就事业，就必须勤学勤思勤政。

知在学中得，要勤学。"书山有路勤为径，学海无涯苦作舟"。勤奋是做学问、增本领、干事业的重要阶梯和有效路径。当今时代纷繁复杂，知识体系日新月异，不学无以广才、无以增智，不学就会被时代抛弃，而实现学有所得，离不开刻苦和勤奋。领导干部要不厌其烦读书学习，养成志存高远之大气，积累满腹经纶之才气，锤炼光明磊落之正气，涵养淡泊宁静之雅气。要远离功利思想，克服浮躁心态，培养"衣带渐宽终不悔，为伊消得人憔悴"的学习境界，静得下心、沉得住气、耐得了烦，将理论知识和实际工作结合起来，不断提高理论水平和业务能力，把学习贯穿于整个生命旅途之中，努力使自己成为工作的多面手和实干家。

行于思中成，要勤思。"学而不思则罔，思而不学则殆"，"行成于思毁于随"，不论做什么事，善于思考、舍得下功夫才能成功。领导干部要勤于思考、善于思考，在思考中找到解决问题的方法。要有忧患之思，深刻认识党面临的重大考验，做好风险防范以应对工作；要有创新之思，不断解放思想，打破传统观念束缚，争取更大的突破；要有为民之思，永远与人民群众同呼吸、共命运、心连心，把人民群众满意不满意、答应不答应、高兴不高兴作为制定政策、推进工作的重要标准；要有敬畏之思，时刻警醒自身、反思自身，干干净净做事，清清白白做人。

绩从实干来，要勤政。勤者，政之所要。勤政是德政之基，执政之魂。所谓"勤政"，就是要做到恪尽职守、认真负责，为党为民担当作为。"为官一任，造福一方"，领导干部不能当"庸官""懒官""太平官"，要有高度的事业心、责任感，想干事、多干事。要把不作为当成最大的腐败，始终积极向上、开拓创新，坚决纠正官僚主义、形式主义不良风气，敢于说真话、办实事，善于出实招、出新招，确保各项工作取得实实在在的成效。

81 原则面前坚持"一根筋"，困难面前保持"一股劲"

"一根筋"比喻一个人坚持底线、坚持原则，不妥协、不动摇；"一股劲"则比喻一个人干事有韧劲、久久为功，不停止、不放弃。在领导干部队伍中，拥有"一根筋""一股劲"的领导干部是不可或缺的骨干分子,正是他们始终敢于同各种不良风气、艰难困苦作斗争,我们的工作才能不断取得新的成绩,党和国家的事业才能不断呈现出朝气蓬勃、昂扬向上的良好局面。

敢于较真碰硬,不为浮华所动。鲁迅先生曾说:"聪明人不能做事,世界是属于傻子的。""一根筋"的人,在工作和生活中可能有点固执、倔强,但面对原则问题决不妥协、决不同流合污,往往能摆脱私欲的羁绊,心无旁骛、攻坚克难,在久久为功的奋斗中收获属于自己的硕果。领导干部在党纪国法、信仰立场等原则性问题面前坚持"一根筋",体现的是"计利当计天下利"的精神境界、"咬定青山不放松"的人生定力。做"一根筋"的领导干部,就是要做到坚守党性而从不结党营私,遵纪守法而从不逾越原则,甘于奉献而从不邀功请赏,耐得住寂寞而从不上蹿下跳,在原则面前不让步、不变通,敢和歪风邪气作斗争,向陈规陋习说"不",不拿原则做交易,丁是丁、卯是卯,像"老黄牛"一样埋头"拉车",安守本业、尽好本分。

成功者不是不会懈怠麻痹,而是从未停止与之战斗。毛泽东同志曾说:"我们要保持过去革命战争时期的那么一股劲,那么一股革命热情,那么一种拼命精神,把革命工作做到底。"从革命战争中"杀出一条血路来"的气魄、"血战到底"的气概,到新中国建设初期"宁可少活20年,拼命也要拿下大油田""活着没有把沙丘治好,死了也要看着兰考人民把沙丘治好",再到改革开放"摸着石头过河"的胆识,新时代攻坚克难的勇气、改革创新的锐气,正是由于这一股股劲,我们党才能在诡谲的波光中不为所惑,在变幻的风云里站稳脚跟,在大好的形势下乘胜前进,在骤至的危机前奋发有为,迸发出追求的动力,担当起时代的使命。领导干部必须坚定马克思主义信念,继续保持披荆斩棘、一往无前的拼劲,保持不屈不挠、愈挫愈勇的韧劲,保持居安思危、续写荣光的心劲,用自己的表率作用和人格魅力,带领人民群众顺势而为、闯关夺隘,不断夺取新胜利、开辟新境界。

82 能吃苦,体现的是一种进取精神,不甘人后,奋发有为;能吃苦,体现的是一种敬业精神,任劳任怨,埋头苦干;能吃苦,体现的是一种创业精神,不畏困难,不怕艰辛;能吃苦,体现的是一种奉献精神,乐于付出,敢于牺牲

"苦"是五味中最难以让人忍受的味道。正因如此,敢于吃"苦"才更显可贵。不吃苦中苦,难为人上人。毛泽东同志曾说:"享受让给人家,担子拣重的挑,吃苦在别人前头,享受在别人后头,这样的同志就是好同志。"《中国共产党章程》(以下简称《党章》)中明确规定,"吃苦在前,享受在后,克己奉公,多做贡献"。领导干部作为中国特色社会主义事业的骨干力量,作为党的事业的决策者和执行者,就要有乐于吃苦的工作作风、乐在苦中的人生境界、以苦为乐的奉献精神、苦中作乐的平和心态,树立起正确的"苦乐观"。

第四篇　过硬的砥砺奋进 敬业奉献作风

事业征程，从来少有康庄大道。吃苦是中国共产党的优良传统，也是共产党员的政治底色。中国共产党就是从艰苦的环境中奋斗、拼搏出来的政党，吃苦耐劳的精神贯穿中国共产党的整个前进史。从最初的几十名成员发展到现在的世界第一大党，一代代中国共产党人坚持把"吃苦精神"作为自己的价值追求和优良传统，在工作上埋头苦干、在生活中艰苦朴素，保持着旺盛的生命力，最终实现了中华民族从站起来、富起来到强起来的历史性飞跃。中国特色社会主义进入新时代，领导干部更要读懂艰苦奋斗的时代内涵，继承和发扬好艰苦奋斗的优良传统和作风，崇尚实干、鼓励吃苦，真正让实干者有位，让吃苦者吃香。

人间万事出艰辛，历尽天华成此景。习近平总书记强调："选择吃苦就选择了收获，选择奉献就选择了高尚。"领导干部树立正确的"苦乐观"，就是要有敢于吃苦、乐于吃苦的工作作风，找到由"苦"向"乐"的方法，在"困境"中磨掉"细皮嫩肉"和"弱不禁风"，了解群众疾苦，感受群众冷暖，用脚踏实地的行动战胜艰难困苦，用实实在在的成绩证明自己；要有乐在苦中的人生境界，把困难、压力看作财富，看作个人成长道路上的垫脚石，把解决群众的困难当成享受，干事不畏艰难，受挫心平气顺，用"辛苦指数"换"幸福指数"，在实践中收获本领，在辛苦中收获快乐；要有以苦为乐的奉献精神，牢记自己永远是人民的公仆，乐于为群众奉献青春、才智和力量，收获自己充实而有意义的人生；要练就知足常乐的平和心态，树立正确的价值观，将荣辱得失、功名利禄看得淡一些，把更多的精力投入到为群众服务中去。

83 增强艰苦奋斗意识，涵养艰苦奋斗精神，汇聚艰苦奋斗伟力

只有通过艰难困苦的洗礼，才能铅华尽去。习近平总书记指出："历史只会眷顾坚定者、奋进者、搏击者，而不会等待犹豫者、懈怠者、畏难者。"领导干部只有继承和发扬好艰苦奋斗的优良传统和作风，"苦"中磨砺意志、雕琢品性、建功立业，增强艰苦奋斗意识、涵养艰苦奋斗精神、汇聚艰苦奋斗伟力，才能拿出十足的底气和力量，战胜前进路上一切艰难险阻。

自讨苦吃，在"苦"中磨炼钢铁意志。"试玉要烧三日满，辨材须待七年期。"当前，一些领导干部求安逸、图享受，不愿吃苦，更不会吃苦，对工作推脱搪塞、应付了事，缺乏艰苦奋斗的意志，既耽误了事业推进，也耽误了自身进步。中华民族伟大复兴，绝对不是轻轻松松、敲锣打鼓就能实现的，唯有自力更生、艰苦奋斗，才能肩负起实现中华民族伟大复兴的历史使命。"舍得一身剐，敢把艰辛踩脚下"，领导干部要学会"自讨苦吃"，去急难险重的岗位上增长解决问题的经验和能力，去条件艰苦的基层深入群众、广接地气，坚持吃苦在前、享乐在后的价值取向，遇到挑战敢于迎难而上，遇到矛盾敢于较真碰硬，在"吃苦"的过程中磨炼担当作为的品质意志。

忆苦思甜，从"苦"中汲取精神力量。艰苦奋斗不但是我们中华民族的传统美德，更是我们党的事业发展壮大、创造辉煌的重要保证。回顾中国共产党建立百年来的历史，经历了各种各样的挫折、风险和困难，但也从这些苦难中不断成长，形成了井冈山精

神、长征精神、延安精神、"两弹一星"精神、载人航天精神等一系列一脉相承的精神，正是这些伟大的精神缔造了今天的幸福生活。领导干部要铭记这些艰难跋涉的历史，牢记成功的来之不易，进一步激发守土尽责的内在动力、勇立潮头的担当勇气、只争朝夕的工作劲头、真抓实干的工作作风、矢志报国的进取意识，在忆苦思甜中汲取前进动力，保持初心不改。

苦心孤诣，在"苦"中干出一番业绩。幸福都是奋斗出来的，唯有吃苦开拓，才能"功成必定有我"。守岛卫国32年的王继才、把科研事业作为毕生理想的黄大年、帮助10万农民脱贫致富的李保国、甘当山区女孩"燃灯者"的张桂梅……无不诠释着当代共产党人的艰苦奋斗精神，诠释了什么是共产党人的初心与使命。新时代是奋斗者的时代，领导干部要苦心经营，勤走访、多调研，结合实际谋划布局，找准发展方向；要去艰苦奋斗，朝着既定的目标持续发力、精准发力，坚韧不拔地攻坚克难、实现规划，只有挺立顶风冒雨的钢铁脊梁，锻造永不懈怠的奋斗意志，才能以实际行动汇聚时代发展的磅礴伟力。

84 不因条件差而降低标准，不因落实难而退缩畏难，不因见效慢而减退热情

古语云："天下事有难易乎？为之，则难者亦易矣；不为，则易者亦难矣。"作为领导干部，必须始终把坚持标准、迎难而上、保持热情

贯穿工作的全过程、各环节、各方面,没有条件创造条件也要把事情办好,遇到困难千方百计去克服,对待见效慢但利长远的事要以"功成不必在我"的热情去抓好抓实,才能真正做到能干事、干成事。

条件或优或劣,标准必须坚持。工作中,我们常会听到这样的说词:"我们这种小地方,标准、要求肯定没有上级机关高,再说这里条件也比较差,很不容易,请多理解、多支持。"地方小、隔得远、条件差,工作标准就该低一点儿,要求就要松一点儿,水平就可以差一点儿,现实中持这种观念的人并不少见,不仅一些领导干部用"条件差"为自己开脱,而且上级机关也认为"情有可原"。政策和要求如果像层层递减的涟漪,那带来的不仅是初衷"失真"、规定"瘦身"、部署"变形",惠及群众更是无从谈起。环境和条件不能成为降低标准的借口,领导干部要把"自上而下"作为工作不断落实、标准更加具体的过程,结合实际,发扬"没有条件,创造条件也要上"的担当精神,勇于直面困难,决不能让政策规定、纪律要求、工作落实层层递减,出现不到位、搞形式、走过场的情况。

纵是千难万难,畏难才是真难。当前,一些领导干部抓落实,"难"字当头,这也怕那也怕,唯恐给自己添麻烦。畏难情绪所及,落实自然难以推进。俗话说:"一分部署,九分落实。"落实的确是一个复杂的组织过程、周密的行动过程、广泛的动员过程,任何一个环节出现差池,都有可能使战略部署和政策付诸东流。但一味地害怕困难、回避矛盾,工作将停滞不前,自己也将一事无成。领导干部要系统深入地学习理论知识、政策法规,将学思践悟融会贯通到工作生活之中,不断提升能力,克服"本领恐慌";要敢于突破自己，迎难而上、勇挑重担，在"摸爬滚打"中锤炼坚强意志；要建立健全"容错纠错机制"，提高基层干部的工作积极性，让他们放开手脚、敢闯敢拼、敢为人先，为他们解决后顾之忧。

无论显绩潜绩，干事都要有激情。"潜绩"是指短期内不一定见效，只有经过一段时间的努力，甚至"几任"接力，才可以见效的政绩。现实工作中，爱"显山露水"的领导干部大有人在，但对周期长、费劲大、见效慢的工作，他们往往提不起精神，甚至不屑去做。激情于人，犹如"吹动帆船的风"，是做好工作、成就事业的内在动力。习近平总书记说："首先是自己要始终充满激情、充满干劲，这样去干事业，才能更加主动、更加自觉。"对群众急难愁盼的民生实事，要做到食不甘味、夜不能寐，心热、头冷、步稳，作为"显绩"一丝不苟、雷厉风行办好；对于在任期内可能见不到"结果"的工作，更要以闯的魄力、抢的意识、争的劲头、拼的勇气，以火一样的激情投入工作，不能因为是"上任""上届"的事，不能显示、证明自己的能力、水平而弃之。

85 不以一时之得而满足懈怠，不因一时之失而气馁止步

人生在世，世事无常，不可能"万事如意""事事顺心"，一得一失，本是常态。人的一生不可能什么都得到，面对得与失应当摆正心态。领导干部只有正确看待得失，多想自己"工作是什么""工作为了谁"，才会不断反问自己"做了什么""做好没有"，

鞭策自己履职尽责。

得之坦然，失之淡然，正确面对得失。习近平总书记强调："要正确对待一时的成败得失，处优而不养尊，受挫而不短志，使顺境逆境都成为人生的财富而不是人生的包袱。"得之坦然，失之淡然。作为领导干部，要树立正确的得失观，有得必有失、有失才有得，无论做什么事都不可能十全十美，不会总是一帆风顺的。在前进的路上会有所收获，也会遇到这样那样的困难和坎坷，关键要摆正心态，以理性的思维看待得失。面对"得"时，不能忘乎所以、内心膨胀、过于满足，越是有所成就，就越要知难而上，这样才能在思想上不松懈、精神上不懈怠、工作上有担当，始终保持干事创业的激情。面对"失"时，不自怨自艾，像泄了气的皮球没了"弹力"，缺乏斗志，要在失意中总结经验教训，把压力变成动力，不断积累经验，才能走向成功，得到认可。

不以物喜，不以己悲，始终保持一往无前姿态。领导干部如果时时刻刻计较自身得失，难免会使自己郁郁寡欢、患得患失。既然选择为民服务，就要树立正确的得失观，不能患得患失，不被得失所困、不为得失所扰，多琢磨事业、少琢磨私业，静心聚气、从容淡定，涵养"宠辱不惊，看庭前花开花落；去留无意，望天边云卷云舒"的境界，不以一时的获得感而满足懈怠，也不因一时之失而气馁止步，拿得起放得下，始终保持积极干事的心态。领导干部要始终讲格局、提境界，用大局意识来塑造自己的得失观，才能看淡得失，自觉为党和人民服务；如果只顾及小我的得失，不顾及大我的格局，没有奉献精神，工作就不能顺利地开展。要在得失上学会换位思考，如果一味站在个人立场和角度，就会觉得自己失去的多、得到的少，但如果站在党和人民利益的角度，就会觉得牺牲个人的利益也是光荣的、值得的。要保持空杯心态，不管是得意还是失意，都要清空归零，重整行装再出发，以永远不自满、永远在学习、永远在进步的心态，立志做大事，自觉把个人志向与国家前途、民族命运结合在一起，把个人追求与事业需要和人民利益联系在一起，在奋斗中实现人生价值。

86 目标一经确定，就必须排除万难去实现；承诺一旦作出，就必须全力以赴去兑现

目标如铁，承诺如金。当下，一些领导干部落实工作效果不佳，常常抱怨"为官不易"，折射出的就是党性不强、作风不正。目标和承诺不是轻轻松松就能实现的，需要保持认真负责、恪尽职守的态度，全力以赴。领导干部应当聚焦目标、履行承诺，增强履职尽责的使命感和紧迫感，始终保持前进的工作动力和激情，以良好的精神状态认真开展工作。

咬定目标，一刻也不松劲。《诗经》有云："靡不有初，鲜克有终。"《道德经》有道："慎终如始，则无败事。"历史告诫我们，为人做事都要"不忘初心，方得始终"，越是接近目标，就越应上紧发条，不能"一篙松劲"；越是抵近终点，就越应坚持不懈，不能"鸣金收兵"。2021年是"十四五"开局之年，我们开启了全面建

设社会主义现代化国家新征程，将面临诸多困难，还有很长的路要走。作为一名领导干部，不管做什么工作、在什么时候，在实现目标道路上决不能有"歇一歇""缓一缓""等一等"的想法，要慎终如始，持之以恒地抓常、抓细、抓长，把工作措施坚持不懈地贯彻落实好，推动工作目标从一而终、落实见效；要保持逢山开路、遇水架桥的改革精神，无论"浪再急"，不管"路再陡"，都要排除千难万险，保持"行百里者半九十"的清醒，坚定"不破楼兰终不还"的拼劲，始终做到目标不变、方向不偏、干劲不减；要咬紧目标不放松，以"敢死敢拼"的精神，锲而不舍，苦干实干，久久为功，蹄疾步稳地实现目标任务，兢兢业业干好事业。

言出必行，如期践行承诺。古人云，"有信则立""一言而非，驷马不能追；一言而急，驷马不能及"。兑现承诺是取信的基础，是一个人的立身之本。对于人而言，言而无信则无人信之。领导干部如果说了不做，就会失信于民，就难以立威、难以服众，就会损害党的公信力、号召力、凝聚力。习近平总书记深刻指出："人民群众对我们拥护不拥护、支持不支持、满意不满意，不仅要看我们是怎么说的，更要看我们是怎么做的。"领导干部一旦作出承诺，就要千方百计去完成，既要有的放矢地"说"，又要雷厉风行地"做"，付诸实际行动，从一点一滴小事做起，努力把大事落细，把难事干成，把好事办好。要原原本本兑现承诺，既不放空炮、晃虚招，也不因事难而打折扣，更不因岗位变动而"不理旧账"，按时按质按量完成承诺事项，急群众之所急、解群众之所盼，取信于民，赢得老百姓的支持和拥护。

87 拥有"领头雁"的果敢、"拓荒牛"的劲头、"下山虎"的气势、"千里马"的恒心

品质是成功的催化剂,一个会干事、能力出众的人,自身必定具备一些优秀品质。领导干部作为新时代的"弄潮儿",就应当拥有一些优秀品质,把追求优秀当成一种习惯,以优秀的品质成就更为绚丽的事业、活出更加精彩的人生。

具有优秀品质,总能干成事情。有什么样的品质就会有什么样的人生。拥有好的品质才会有好的品行,人的品行对于个人行为具有决定性作用。做事先做人,品行不过关,做事难成功。进入新时代、跨进新征程,我们要推进伟大斗争、伟大工程、伟大事业、伟大梦想。要想实现伟大复兴的中国梦,领导干部要有过硬的品质,好的品质是完成使命任务的基础。领导干部无论从事什么岗位、什么职业,面对纷繁复杂的现实社会,必须把锻造过硬的品质作为基本的人生必修课,练就"领头雁"的果敢、"拓荒牛"的劲头、"下山虎"的气势、"千里马"的恒心等,努力夯实自己,当一个有思想、有拼劲、有担当、有定力的有用之人,以优秀的品质,心无旁骛地干事情,取得事业成就。

锤炼过硬品质,自觉担当作为。领导干部想要成为品质优秀的干部,只有在工作、生活中立足自身,不断进行自我革新、自我完善、自我净化,完善自己,磨炼出优秀品质,并体现在一言一行中,才能在不断优秀中追求卓越,把各项事业做到最好、做到极致。领导干部应不断培养敢闯敢干、决策果断的品质,勇于带领干

部群众干事创业,面对大事、难事、急事,客观分析决策条件、权衡风险与利益,敢于决策、善于决断,绝不能优柔寡断、迟疑不决、畏首畏尾。应不断在改革攻坚中培养敢闯敢试、敢为人先、埋头苦干的精神,以思想破冰引领改革突围,永葆"闯"的精神、"创"的劲头,坚持摸着石头过河,敢想他人未曾想的办法,敢干他人未曾干的事情,敢碰他人未曾碰的钉子,以开拓创新的精气神闯出一条新路子。应不断增强内在力量,胆子要大、步子也要稳,干事要风风火火,敢啃硬骨头、勇于闯难关,遇到困难不退缩、碰到矛盾不回避、铆足干劲向前冲,扛起狠抓落实的责任,增强狠抓落实的本领、一往无前的气势,奋力夺取最终目标的胜利。应不断修炼久久为功的耐心和恒心,不断增强干事定力,杜绝"松一松、歇一歇"的想法,以"咬定青山不放松"的决心和毅力,在大势中一抓到底、一以贯之,以实际行动扛起时代的重任,持续推动经济社会高质量发展。

88 保持审时度势、居安思危的警醒,保持积极主动、化危为机的智慧,保持脚踏实地、砥砺奋进的行动

面对越来越复杂的发展形势,领导干部要注意观大势,增强见微知著能力,立足长远看当前,透过现象看本质,从总体上把握面临的形与势,把握规律,在顺应形势的基础上创造机遇,主动作为,乘势而上,始终临危不乱、危中寻机,踏实肯干、奋力前行,

开辟工作新局面。

有因势而动之觉，居安更要思危。习近平总书记强调："形势在变、任务在变、工作要求也在变，必须准确识变、科学应变、主动求变。""越是取得成绩的时候，越要有如履薄冰的谨慎，越要有居安思危的忧患。"当今世界正经历百年未有之大变局，"四大考验"无处不在，"四大危险"警钟长鸣，形势更加复杂多变。如果不识变、不应变、不求变，不居安思危，就可能陷入战略被动，错失发展机遇，甚至错过一个时代。领导干部要随时保持警醒警觉，用发展的思维看问题，以新的眼光、新的思路、新的作为适应新局势、迎接新挑战、破解新问题。要随时保持强烈的忧患意识，超前谋划、善于应变，才能着力防范化解重大风险。

有主动应势之智，化危机为良机。古语云："明者因时而变，知者随事而制。"客观事物的运动、变化是绝对的，而方法和措施都是针对某种特定的情况而制定的。没有不变的情况，更没有不变的方法、措施。领导干部面临新问题、新困难、新挑战，不懂规律、缺乏智慧、缺乏本领，如果不积极主动寻找方法、措施破除危机，将危机变成良机，习惯用老思路解决新问题，那么越是苦干蛮干就越是南辕北辙。只有用马克思主义哲学的智慧，坚持用全面、辩证、长远的眼光看待面临的困难、风险、挑战，想方设法找准解决问题的关键办法，才能牢牢把握危机并存、危中有机的辩证关系，坚定发展信心、发扬斗争精神、树立底线思维，勇于开顶风船、善于化危为机，努力在危机中育先机、于变局中开新局。

有踏实肯干之劲，奋勇前行。习近平总书记指出："要把抓落实作为开展工作的主要方式。"行动时脚踏实地、砥砺奋进,就是要求领导干部"崇尚实干、狠抓落实",这也是我们党的优良传统。凌空蹈虚难成千秋之业,真抓实干才能梦想成真。面对当前的发展形势,蓝图已绘,需要的是抓落实,再好的政策不去落实也会成为一纸空谈,再美的蓝图,也会成为镜花水月。越是这个时候,领导干部越要慎终如始地抓好落实,对习近平总书记的重要指示批示、对党中央作出的决策部署,一个方向前进、一个调子使劲、一个声音对外,以抓铁有痕、踏石留印的勇气和魄力,实干苦干加油干,不打折扣、不搞变通,努力成为一名敢干事会干事能干事的"实干家",以脚踏实地之风不断砥砺前行。

89 干事创业要充满激情,面对困难要富于创造,迎接挑战要勇于担当

习近平总书记指出:"既要想干愿干积极干,又要能干会干善于干。"领导干部无论身处何时何地、何种岗位、何种环境,都必须以饱满的热情对待工作,创造性地开展工作,勇于担当,把岗位当事业,把工作当快乐,勤勤恳恳、兢兢业业、任劳任怨,做到敬业、乐业、勤业。

激情澎湃干事业,撸起袖子加油干。习近平总书记强调:"历史只会眷顾坚定者、奋进者、搏击者,而不会等待犹豫者、懈怠者、畏难者"。良好的精神状态,是做好一切工作的重要前提。一个人

只有始终保持昂扬向上的精神状态、锐意进取的干事激情，任何时候对工作都怀有激情，才能够把工作当事业。领导干部要在其位、谋其政、尽其责、干其事，对工作保持激情，发挥主观能动性，把对党和人民的深厚感情自觉转化为热忱工作的强大动力，将为人民群众谋福利作为回报组织、回报社会、实现人生价值的最好体现，在热爱中增长才干、创造业绩。

克服"眼前之困"，创造"未来之机"。 曾国藩的《治心经》中有这么一句话："以苟活为羞，以避事为耻。"对于领导干部来讲，"避事"而不积极干事，"躲事"而不认真处事，就是最大的耻辱。当前，改革创新每深入一步，都会碰到深层次矛盾、触及既有权力关系和利益格局，需要我们不逃避问题、不回避矛盾，敢碰硬、有闯劲、善创新。领导干部面对困难，不应有畏难情绪，要富于创造性地开展工作，拿出过人的勇气和智慧，勇闯"无人区"、放飞想象力、展现大手笔，自觉增强内在的创造动力，在推进国家深化改革的新征程上实现新的作为。

创业艰难百战多，大事难事看担当。 习近平总书记指出，党看干部主要就是看肩膀能不能负重，能不能超负荷。我们党之所以能够取得今天的辉煌成就，正是因为无数干部把对国家、对民族、对人民的责任牢牢扛在肩上，在脱贫攻坚、疫情防控等"战役"中，面对各种挑战主动挺身而出、不畏艰险、英勇奋战，夺取了伟大胜利。身处百年未有之大变局，领导干部面临的挑战日益增多，能否担当尽责，直接影响一地工作、一方发展，事关经济社会发展大局和人民福祉，只有坚持做到守土有责、守土负责、守土尽责，该做的事顶着压力也要干,该负的责冒着风险也要担,扛起岗位重任,做责任过硬的担当者,才能创造出无愧于时代的业绩。

90 不断焕发"越是艰险越向前"的精神,坚定"不破楼兰终不还"的意志

习近平总书记指出:"领导干部不论在哪个岗位、担任什么职务,都要勇于担当、攻坚克难,既当指挥员、又当战斗员,培养和保持顽强的斗争精神、坚韧的斗争意志、高超的斗争本领。"斗争是具体的、实在的,体现在"越是艰险越向前"的精神和"不破楼兰终不还"的意志上。领导干部的斗争精神和斗争意志如何,直接影响一个地方的士气、人气和底气。每一个领导干部都必须对照初心使命,对照岗位职责,知重负重,攻坚克难,发扬斗争精神、坚定斗争意志,发挥"头雁效应"。

历史不会等待犹豫者、懈怠者、畏难者,只会眷顾坚定者、奋进者、搏击者。在革命战争年代,革命前辈时刻面临艰难困苦、生离死别的考验,在血与火的斗争实践中淬炼成长,为人民的解放事业贡献了力量乃至生命。现在虽然处在和平年代,但在前进道路上依然面临重大的风险考验,甚至会遇到难以想象的惊涛骇浪。我们面临的各种斗争不是短期的而是长期的,至少要伴随我们实现第二个百年奋斗目标全过程。中国特色社会主义是成就辉煌灿烂、前途如日东升的新时代,也是充满风险挑战的新时代。领导干部面对各

种风险考验，必须弘扬"越是艰险越向前"的斗争精神、坚定"不破楼兰终不还"的斗争意志，不犹豫、不懈怠、不畏难，以"等不起"的紧迫感、"慢不得"的危机感、"坐不住"的责任感，撸起袖子加油干，苦干实干拼命干，用实际行动为人民群众创造美好幸福的生活。

做起而行之的行动者，当攻坚克难的斗争者。新时代呼唤领导干部更加主动承担起改革发展稳定的重任，始终保持敢于斗争和坚韧不拔的精神状态，为实现中华民族伟大复兴贡献力量；要有不达目的决不收兵的坚定与执着，勇于同阻碍前进的"拦路虎""绊脚石"作坚决的斗争，要在化解矛盾风险、解决发展难题、促进社会发展和关注民生的实践中磨炼意志品格、增强斗争本领；要有刀刃向内自我革命的自觉与勇气，自我修炼、自我约束、自我改造，在实践中永葆初心和使命，锤炼光明磊落、坦荡无私的品格，困难面前任劳任怨，甘于奉献；要有对事业不懈奋斗的追求与坚持，不管处在什么岗位、履行何种职责，都勇于担当、攻坚克难，保持脚踏实地、苦干实干的韧劲和热情；要有"我不挂帅谁挂帅，我不领兵谁领兵"的干劲与担当，主动到急难险重斗争一线去真刀真枪磨砺，强弱项、补短板，学真本领、练真功夫，关键时刻冲得上、顶得住、打得赢，把自身锤炼为在干部群众中有威望和有号召力、感染力、凝聚力的带头人。

91 勇于在关键问题上求突破,在补短板工作上开新篇

创新是引领发展的第一动力,是战胜风险挑战、实现高质量发展特别需要弘扬的品质。美国的爱迪生、福特,德国的西门子,日本的松下幸之助等著名企业家也都是创新大师。习近平总书记强调,"危中有机,唯创新者胜"。创新就要有"敢为天下先"的勇气,敢于寻求突破、勇于承担风险。领导干部要全面准确地分析当前工作面临的新问题,准确识变、科学应变、主动求变,聚焦当前制约工作高质量发展的难点问题,找准创新的着力点和突破口,做创新发展的探索者、组织者、引领者。

问题是创新的起点,也是创新的动力源。人类历史上的很多重大发明创造,都是从发现关键问题开始的。伽利略从"两个铁球同时落地"的现象中发现了亚里士多德物体下落速度和重量成正比的问题,进而提出了自由落体定律;安徽小岗村创造出"包产到户"的家庭联产承包责任制,也是因为他们发现在"大锅饭"体制下,无法解决粮食产量低下、农民吃不饱饭等严重问题。习近平总书记强调,要有强烈的问题意识,以重大问题为导向,抓住关键问题进一步研究思考,着力推动解决我国发展面临的一系列突出矛盾和问题。领导干部在创新实践中必须坚持问题导向,在关键问题和短板之处寻求推动创新的契机,将创新作为求突破、补短板的手段,推动各项事业取得创造性成果。

创新"一子落",发展"满盘活"。所谓"射人先射马,擒贼先擒王""一刀切不如切一刀",创新并非一蹴而就、无规可依,而是

要抓住重点、抓住关键,克服惯性思维、路径依赖,才能推陈出新谋得发展。领导干部要不盲从、敢于怀疑、勇于质疑,打破已有思维定式,为重新建构思维模式、逻辑体系奠定基础,在继承中进行理性批判,善于在面向未来、积极主动、立足解决现实问题中开展理性正面思考;要掌握创新思维,在"守正"的基础上,克服思维定式,主动探究相关知识、建构相关理念,从而达到"出奇"、突破的效果;要通过多向联想、逆向思考、纵深剖析、综合优化等多种方式,将纷繁复杂创新要素的比较优势进行叠加、集成,并有机融为一体,以达到最优的创新效应;要杜绝"空对空",绝不能为了创新而创新,必须将解决实际问题作为创新的出发点和落脚点,把人民高兴不高兴、满意不满意、答应不答应作为检验创新的最终标准,把求真务实的作风内化为创新的基本素养,外化为工作创新的各个方面。

92 越是任务艰巨,越要鼓足干劲;越是胜利在望,越要毫不松懈

习近平总书记指出:"良好的精神状态,是做好一切工作的重要前提。"开创新局面,必须鼓起干劲,焕发精神,凝神聚力。追梦之路一定不是平坦的,我们要有爬坡过坎、滚石上山的大无畏勇气,要有一往无前的奋斗精神和充沛顽强的斗争意志。作为领导干部,要主动置身于干事创业氛围之中,保持迎难而上的担当、一抓到底的激情、常抓不懈的执着。

做干部必须**作风硬**

一篙松劲退千寻，咬定青山不放松。干事创业，越往后走，任务越艰巨，如果不能一如既往保持冲劲干劲，很难顺利完成任务。越是在吃劲的时候，越要保持定力、坚定信心，越要响鼓重槌、鼓足干劲。干事创业贵在久久为功，不能有松口劲、歇歇脚的想法。攻克困中困、难中难，必须用非常之力、行非常之功；必须咬定目标不放松，确保目标不变、靶心不散，保证党和人民的事业在正确方向上前进；必须保证措施硬，既深挖问题，抓重点、补短板、强弱项，也注重政策系统性、针对性，确保管长远、管根本；必须保证作风实，坚决防止形式主义，不搞花拳绣腿，不搞繁文缛节，不做表面文章，强化作风建设，确保工作务实、过程扎实、效果真实。

船到中流浪更急，人到半山路更陡。精神懈怠是马克思主义政党在长期执政环境下的一个重大考验，"精神懈怠的危险"是我们党所面临的"四种危险"中排在第一位的危险。习近平总书记指出："昨天的成功并不代表着今后能永远成功，过去的辉煌并不意味着未来可以永远辉煌。"远航路上仍然有急流险滩，攀登途中仍然要爬坡过坎，"行百里者半九十"。一旦骄傲自满，有了"差不多、松口气、歇歇脚"的想法，不仅到不了光辉的彼岸，也无缘"会当凌绝顶，一览众山小"的幸福，已经取得的成果一样会"得而复失"。党和人民的事业丝毫容不得平庸苟且，容不得碌碌无为。领导干部必须做到慎终如始、常抓不懈、久久为功，不因胜利而骄傲，不因成就而懈怠，不因困难而退缩，保持创业初期那种励精图治的精神状态，永远充满朝气、激情飞扬，始终保持共产党人一以贯之的革命精神、革命干劲。

93 以"负重前行、一往无前"的韧劲爬坡过坎；以"逢山开路、遇水架桥"的锐气涉险过滩；以"背水一战、誓破楼兰"的决心攻坚克难

致力非凡之事业，定有非凡之精神、非凡之担当。百年来，中国共产党人一路前行，从胜利走向胜利，从辉煌走向辉煌，就在于一直保持着一种奋发有为的精神状态。这种"精气神"从来没有变过，也永远不会改变。站上新起点、进入新时代、面对新使命、实现新目标，领导干部的"精气神"也需注入时代的新内涵，主动接受磨炼、主动挺身而出、主动攻坚克难，唯有此，才能获得成长进步的机遇、完成任务的底气、赢得胜利的可能。

人无精神则不立，国无精神则不强。"精气神"即精神力气，通常用来指人积极健康、昂扬向上的精神状态、个人心态和工作姿态，是一个人内在品格修养的外化表象，是做好一切工作的重要前提。毛泽东同志曾说："人是要有一点精神的。"新中国成立后，他对党员干部明确提出："要保持过去革命战争时期的那么一股劲，那么一股革命热情，那么一种拼命精神，把革命工作做到底。"习近平总书记强调："要充分调动广大干部积极性，不断提升工作精气神。"人有了"精气神"的支撑，干事创业就有激情、有活力、有干劲、有闯劲。领导干部是一个地方、一个单位、一个部门的

"火车头",必须不断修炼自己干事创业、担当作为的精气神,充分激发自身潜能、智慧和才干,高标准、高质量、高效率地完成各项工作任务,不断地追求卓越。

提振精气神,激励新作为。精气神对于领导干部干事创业至关重要,欲成大器,必先修"内功"。作为领导干部,必须强化自我修炼、自我约束、自我改造,有一股积极向上的"精气神"。要不断修炼"在知重负重中矢志前行"的韧劲,越是艰险越向前,勇于挑最重的担子、啃最硬的骨头、接最烫手的山芋,永不言败、越挫越勇,勇往直前,要不断修炼"在艰难险阻中开拓进取"的锐气,大胆抓住机遇,敢于打破常规,从改革创新中找到出路,展现新作为、实现新发展、开创新局面,瞄准一流的目标,与之比工作效率、比服务质量、比贡献大小、比管理水平、比制度创新,争当先进、争做典型;要有"在永不言败中破釜沉舟"的决心,以"万折必东不回头"的勇毅、"赴百仞之谷而不惧"的无畏,破桎梏、抓机遇、闯新路,努力创造优异业绩。

94 冲锋在前排万难,身先士卒当楷模

"关键少数"是领导干部形象的代名词,既是"关键",又是"少数",可以说是任重而道远。"关键少数"就要担负关键责任,发挥关键作用。习近平总书记多次强调领导干部要"身先士卒、率先垂范"。在推动各项工作中,作为"关键少数"的领导干部,只

有为广大党员和干部做好示范表率，切实做到既"挂帅"、又"出征"，才能真正积极履职尽责，发挥好关键作用。

率军者披坚执锐，执戈者方能战不旋踵。打铁必须自身硬，自身硬气才有公信力，以身作则才有感召力。走在前头、干在前头、当好表率，体现的不仅是一种积极进取的态度，更闪耀着党性的光辉。现实当中，一些领导干部还存在"灯下黑""手电筒照别人不照自己""要求别人学、自己不真学""抓下面整改代替自己整改"等问题，敷衍了事、消极应付。如果领导干部不带头，有什么资格要求别人？指挥群众"给我上"不如带领群众"跟我上"。领导干部要自觉做群众的带头人、引路者，以更高标准，带领广大干部群众"跟着学""照着做"，激发起上行下效的整体效应，保证组织履行职能、发挥核心作用，保证领导干部忠诚干净担当、发挥表率作用，保证广大党员以身作则、发挥先锋模范作用。

牵头更要带头，表态更要表率。领导干部的表率作用，是一种无言的力量，会对广大干部、党员和群众产生示范和导向的作用，在相当程度上决定着各项事业和工作的成败。习近平总书记多次强调，领导干部要充分发挥表率作用，要求别人做的自己先做到，要求别人不做的自己坚决不做，远离舒服的"躺椅"，变"给我上"为"跟我上"。领导干部要做到修身立德求先，攻坚克难在前，真正身先士卒、做好表率，让率先垂范掷地有声；要经常拿起"马列主义手电筒"照照自己，拿起党章这面"镜子"审视自己，看看离党的要求是近了还是远了，是否带头履行了党员义务，是否正确行使了党和人民赋予的权力，是否带头做到了言行一致、知行合一，

做干部必须**作风硬**

使正人先正己的意识深深根植于思想和行动之中。

95 在解难题上树标杆，在抓落实上当先锋

习近平总书记强调，领导干部要提高政治能力、调查研究能力、科学决策能力、改革攻坚能力、应急处突能力、群众工作能力、抓落实能力；勇于直面问题，想干事、能干事、干成事，不断解决问题、破解难题。在工作中，领导干部经常会遇到棘手的问题，能否带头破解难题，既反映工作能力，也体现职责所在，更是敢于担当的具体表现。"道虽迩，不行不至；事虽小，不为不成。"世界上的事情都是干出来的，不干，半点马克思主义都没有。领导干部破解难题、推进工作，抓好落实是关键，要率先行动、敢于担当、积极作为。

困难面前靠干部，冲锋在先是党员。工作中的难题往往具有复杂性、长期性，解决得好，工作就能见水平、上台阶，难点变成亮点；解决得不好，工作就推不动、展不开，群众就会有意见。一味地强调困难，推诿塞责，抱着"躲"和"绕"的态度是不可能成功破解难题的。以什么姿态对待问题，直接体现了一名干部的政策水平、协调能力和精神面貌。在新冠肺炎疫情防控工作中，广大党员干部充分发挥先锋模范作用，冲锋在前，顶在第一线，克服重重困难，筑起了疫情防控的"钢铁长城"。领导干部要敢于直面问题不逃避，主动接受重任，迎难而上，脚踏实地，埋头苦干，带头研究问题、解决问题，开创工作新局面。

成功缘于实干，要干在实处走在前列。实干兴邦，空谈误国。战国人赵括"纸上谈兵"，两晋学士"虚谈废务"，空谈历来是治国理政的大忌。饱经沧桑的中华民族，之所以能走出苦难、走向辉煌，靠的不是空想清谈，而是实干苦干。中国共产党拥有百年奋斗史，用几十年时间走过西方国家两三百年发展历程，也从另一面印证了这个道理。今天，中华民族比历史上任何时候都更接近民族复兴的伟大目标，领导干部要带头振奋精神，始终保持坚定的理想信念和昂扬的斗志，知难而进、狠抓落实，在解难题、抓落实上当先锋作表率，努力形成一马当先、万马奔腾的生动局面，团结带领干部群众为中华民族的伟大复兴不懈奋斗。

96　忍耐是对付一切困难的最好药物

忍耐，是一种修养，是衡量一个人胸怀和品质的标准，是"千里家书只为墙，让他三尺又何妨"的大度，是"将军额上能跑马，宰相肚里能撑船"的气度，是"忍一时风平浪静，让三分海阔天空"的豁达。困难本身其实并不可怕，只要我们具备足够的忍耐力，冷静面对、等待时机、蓄积力量，必能找准破解问题的突破口，从而克敌制胜。

小不忍则乱大谋，小不忍难成大器。纵观古今，凡成大事者，都具备宽容忍耐的优秀品质，能容人所难容，忍人所难忍。越王勾践就是很好的例子。春秋时期，越国和吴国常有战争，在一次战争

做干部必须**作风硬**

中越国失败,为了保全自己的力量,越王勾践不惜放下自己的尊严,来到吴国给吴王夫差当马夫,做喂马的奴仆。在这种屈辱的生活中,他没有意气用事,为了能够实现自己复兴越国的志向,他忍受着屈辱坚持了下来,之后越国逐渐恢复兵力,他带领越国击败了吴国,实现了自己的大业。又如韩信甘受胯下之辱,忍辱负重,终成一番大业。可见要建功立业、有所作为,不仅要有卓越的才能,而且要具备能屈能伸、坚韧不拔、百折不回的精神品质。

忍耐不是退缩,而是为了更好地前进。 宽容和忍耐,不是妥协,不是退却,更不是逆来顺受、消极颓废,而是长久打算、以退为进的生存智慧,是为了今后更有利地出击。领导干部要不计较蝇头小利的得失,不评判一时的对错,不逞一时口舌之快,正确对待人生低谷和困难挫折,站在高山上迎风而立,俯视世俗喧嚣而不为所动,面对矛盾的碰撞、利益的冲突甚至挫折的考验,始终保持豁达从容的心态,宁心静气地等待时机,才能厚积薄发、一鸣惊人。

学会忍耐是一种境界、一种品格、一种修养。 忍耐的过程很漫长,衡量的是一个人与环境、事物对抗的心理因素、物质因素的总和,考验的是意志力和执着精神,稍有松懈,便会前功尽弃。在通往成功的道路上,总会遇到种种困难挫折,也会遭遇徒劳无功的窘境,领导干部要学会克制自己,在争议面前学会忍耐,注重倾听,吸纳他人的意见,博采众长,集思广益;在他人的批评面前学会忍耐,多找自身原因,从而更加全面、更加深刻地认识自己,防止工作片面性,出现错误;在遭遇困难挫折时要学会忍耐,增强定力,坚定目标,蓄积破解难题、推进工作的力量。

第五篇

过硬的久久为功 善作善成作风

97 以绝对稳固的要求筑底板，以绝对担当的勇气补短板，以绝对卓越的追求扬长板

美国管理学家彼得提出了短板理论，也称木桶理论，其核心内容为："一只水桶能装多少水取决于它最短的那块木板。"木桶理论可以启发我们思考许多问题，对领导干部来说，只有将"筑底板、补短板、扬长板"这几个因素有机结合起来，我们的"木桶"才能装更多的"水"。

心有底线知敬畏。一只木桶要想装满水，最重要的是要有一个坚固而且没有漏洞的"底"，这是基础，也是底线。如果底板出了问题，木桶就盛不了水了。习近平总书记指出："廉洁自律是共产党人为官从政的底线。"廉洁在，底板在。领导干部的权力是组织和人民赋予的，为党和人民做事、做实事、做好事是义不容辞、天经地义的，不论何时，不论何地，都要保持忠诚为政、干净做人的底线，这样才能把自己的点点滴滴都奉献给党和人民。领导干部要心底无私天地宽，敬畏人民慎用权，用自重自省自警自励之力守住

"廉洁底板"，在政治上清醒、工作中敬业，用上善若水的品德、见贤思齐的美德，不断淬炼"廉洁底板"，使其如钢似铁，坚不可摧。

实力源于努力。木桶盛水的多少，并不取决于桶壁上最高的那块木板，而恰恰取决于最短的那块。普通领导干部存在的短板，反映的是个人在思想觉悟或工作水平方面的问题，而身居要职的领导干部一旦出现短板，则会给一个部门，甚至一项事业带来难以想象的负面效应。领导干部要使出"绣花功夫"，找准自身能力和本领、发展方向和举措中的短板和弱项，沉下心来分析研究补齐短板的思路和方法，把准真症结、找准真需求，深耕细作，把短板补精细；要稳扎稳打、步步为营、久久为功，勇于创新，在补短板的"材质"和"工艺"上下功夫，确保补上去的"板子"质量"过硬"，经久耐用，经得起实践的检验。

想人之所未想，行人之所难行。人皆有优点与缺点，不断完善自我，把自己的弱势转化为优势，这一点对任何人来说都非常重要。领导干部要想稳步和长期发展，必须依靠和发挥"长板"，只有每一名干部都努力争做"长板"，我们的"水桶"才会越来越高，才能盛越来越多的"水"，才能推动我们的事业蓬勃发展。要做到"人无我有"，摒弃守旧思想、打破条件束缚，拓展思路、大胆尝试，拓展新领域、开拓新局面；要做到"人有我优"，敢为人先，追求卓越，主动作为、争创一流，形成比较优势和竞争优势；要做到"人优我特"，拿出一技之长作为突破点，不断完善提升、深入强化，打造鲜明的个人"名片"。

98 进行到底,需要定力和勇气;走在前列,需要自觉与担当

世上从来没有一蹴而就的胜利,只有为了胜利付出的艰辛。领导干部想要在前进道路上勇往直前、保持先进,就必须有坚持到底的定力和勇气,有走在前列的自觉和担当,只有这样,才能在改革发展各项事业中主动担当、积极作为、争创先进。

坚定改革定力,增强改革勇气,坚定不移将改革进行到底。新时代坚持和发展中国特色社会主义,实现中华民族的伟大复兴,是我们共产党人和全国人民的最大梦想,虽然现在比历史上任何时候都接近这个梦想,但也要清醒地认识到我们还必须要经历一段爬坡过坎的关键期,要遭遇种种艰难险阻。要把中国梦进行到底,根本动力仍然是全面深化改革,其涉及范围之广、出台方案之多、触及利益之深、推进力度之大前所未有。在前进道路上,领导干部要坚定理想信念,锚定改革目标,保持工作定力和攻坚勇气,聚精会神抓落实、促改革。

提高思想自觉,强化担当精神,始终保持共产党人的先进性。保持先进性就是走在前列。中国共产党是中国工人阶级的先锋队,是中华民族的先锋队。党员的先锋模范作用不是唱高调,不是高不可攀,而是一种坚守、责任和勤奋,在自己的工作岗位上努力奋斗,争取把工作干到最好。习近平总书记指出:"党员的先进性不是与生俱来的,也不是一劳永逸的。入党的时候先进,不意味着后来都先进。"立足新发展阶段、贯彻新发展理念、构建新发展格局,

领导干部要始终保持自身的先进性,站在时代前列,将自己置身于全面建设社会主义现代化国家的大局之中,多考虑自己能探索些什么、尝试些什么、提供些什么,始终以等不起、坐不住的自觉与担当,以"开弓没有回头箭"的定力和"不获全胜决不收兵"的勇气,大胆实践、勇于创新,在为民服务、改革发展各项事业中冲锋在前、积极作为。

99 靠的就是日复一日的坚持,靠的就是永不退缩的韧劲,靠的就是"愚公移山"的执着

习近平总书记强调:"我们要有钉钉子的精神,钉钉子往往不是一锤子就能钉好的,而是要一锤一锤接着敲,直到把钉子钉实钉牢,钉牢一颗再钉下一颗,不断钉下去,必然大有成效。如果东一榔头西一棒子,结果很可能是一颗钉子都钉不上、钉不牢。"领导干部干事业好比钉钉子,要在坚持中锤炼韧劲,在执着中寻求突破,找准点、发准力、用好方,在推进党的事业上持续用力、久久为功。

梦想贵在实践,事业贵在坚持。坚持不懈是通往远方的蹊径,是攀上成功的阶梯。中华民族用绳锯木断的毅力和水滴石穿的恒心,创造了上下五千年灿烂民族文化的辉煌成就,中国共产党用坚持不懈的拼搏和持之以恒的奋斗,领导中国人民进行伟大斗争,取得了伟大胜利。在新时代,领导干部要学会坚持,要懂得坚持,要

践行坚持,在党的事业发展上一张蓝图绘到底,在中国特色社会主义伟大道路上接续奋斗,在实现中华民族伟大复兴伟大梦想的征程上善作善成。

锲而不舍,愈挫愈勇。当代中国,已经进入矛盾凸显期、发展关键期,深化改革更是难啃的骨头、难闯的险滩,改出成效就要有"万折必东不回头"的决心,就要有"千磨万击还坚劲"的意志。干部就要让自己成为一棵竹子,充满韧劲,遇到打击不折不弯,遇到困难不退不缩,将挫折转化为奋进的力量。在新时代,领导干部要奔着困难去,向着问题攻,以坚忍不拔的意志、百折不挠的精神、善作善成的毅力、攻坚克难的力量直面机遇挑战和困难矛盾,咬定青山不放松,坚持不懈干到底。

人生需要执着,执着成就人生。执着是一个人对自己追求的目标、从事的工作所表现出来的一往情深、一往无前的状态。人们耳熟能详的"愚公移山""精卫填海""铁杵成针"等典故,都诠释着执着的真谛,洋溢着执着的魅力。在当代,"一辈子专心做好一件事"的我国著名火炸药专家王泽山,一生三分之一的时间都在为"中国天眼"选址的科学家南仁东,用实际行动深刻诠释了执着精神。古往今来,很多人正是凭着内心的执着、坚守,成就了一番事业,留下了一世英名。领导干部要秉持对党和人民高度负责、慎始如终的态度,坚持"愚公移山"的执着,以不畏艰难困苦的毅力,脚踏实地、积极进取、追求卓越,为党和人民的事业不懈奋斗。

100 奋斗定力决定竞争力,只要我们咬定目标不放松,做到"千磨万击还坚劲,任尔东西南北风",保持清醒坚毅的奋斗定力,定会有所收获

新时代新征程的道路上充满着挑战和竞争,充满着新情况新问题新矛盾。面对新形势新变化,领导干部要以永不懈怠的精神状态和一往无前的奋斗姿态,坚定正确的方向和干事创业的决心,坚守对马克思主义的信仰和自己的初心,面对困难激流勇进,坚持不懈朝着目标奋进。

唯有接续奋斗,方能扩大竞争。 奋斗已经成为当前社会的主旋律,一个人能否朝着目标坚持不懈地奋斗,直接决定着在这个社会的竞争力。国家之间的竞争,奋斗定力同样起着至关重要的作用。党的十九届五中全会,深入分析了我国发展环境的深刻复杂变化,认为当前和今后一个时期,我国发展仍然处于重要战略机遇期,但机遇和挑战都有新的发展变化。领导干部只有深刻把握发展时与势,始终保持战略定力,因时而动,乘势而上,集中精力,接续奋斗,才能不断推进全面建设社会主义现代化国家新征程,增强社会竞争力。

凡事贵在坚持,目标皆有所成。 奋斗定力是持之以恒、始终如一的追求理想达成目标的动力,它能使一个人明确自己的方向且矢志不改,坚定不移地沿着这个方向奋进。我们党的历史,是一部坚持不懈的奋斗史,回看红军长征、杨善洲老书记植树造林等事迹,一代代革命先烈和一个个模范榜样正是靠着坚定的奋斗定力,才将一个个不可能变为可能。从历史中可以看到,奋斗定力就是我们

党的优良传统和强大精神力量所在。只有始终保持昂扬奋进的精气神，保持定力朝着自己的理想目标努力奋斗前行，才能勇往直前实现中华民族伟大复兴的中国梦。

追梦前行，奋斗不息。 现实是此岸，理想是彼岸，奋斗则是通往理想彼岸的桥梁。民族复兴之路上，一代代人前仆后继，涉险滩、越激流，每一段征程都有不同的风景，也都面临不同的挑战。正如习近平总书记指出的："中华民族伟大复兴，绝不是轻轻松松、敲锣打鼓就能实现的。全党必须准备付出更为艰巨、更为艰苦的努力。"在新时代，领导干部要在思想上政治上排除各种干扰、消除各种困惑，坚持正确立场、保持正确方向，朝着理想信念奋斗；要时刻谨记守初心这个根本，牢记全心全意为人民服务是党的根本宗旨，在为人民谋福利的立场上不动摇、不偏航；要在行动上成为一台"永动机"，坚持实干兴邦，把各项工作落到实处，用永不停歇的实际行动铸就通往成功的道路。

101 要保持"乱云飞渡仍从容"的定力去顽强奋斗；要凭借"咬定青山不放松"的韧劲去不懈奋斗；要拿出"人心齐，泰山移"的精神团结奋斗

今天，我们比历史上任何时期都更接近、更有信心和能力实现中华民族伟大复兴，越是接近目标，越会遇到更多的艰难险阻、困难疑惑。领导干部作为党和人民事业的推动者，面对各种复杂的难

题和困惑,要不被外界所干扰,不因困难而犹豫,要做到保持定力顽强奋斗,锚定目标不懈奋斗,凝聚力量团结奋斗,坚持在奋斗中前行。

困难困惑万千重,甘当克难奋进者。纵观中国共产党百年发展史,我们党正是凭着保持定力顽强奋斗,才战胜了重重困难,将一个个不可能变为可能,创造了一个个奇迹,最终取得革命伟大胜利。党的顽强奋斗精神是永远不会过时的,要传承和发扬党的光荣传统。在当前错综复杂的国际形势和日新月异的工作环境下,领导干部往往需要面对更多困难和挑战,只有在长久的刻苦磨炼中保持稳中求进的沉着定力,不断克服各种困难、战胜各种挑战,才能确保中国特色社会主义航船乘风破浪、勇往直前、行稳致远。

富有锲而不舍的韧劲,拿出艰苦创业的劲头。世界万事万物是不断发展和延续的,事业也是不断发展前行的,唯有人的目标是可以坚定不移,不随外物变化而被替代的,成功的秘诀在于永不改变既定的目标。领导干部要时刻保持"咬定青山不放松"的韧劲,坚定目标不动摇,并为之不懈奋斗,如此才能干事成事;要坚持奋斗永远在路上,以百折不挠的劲头朝着既定目标勇往直前,不忘初心、砥砺前行,发扬逢山开路、遇水架桥的开拓精神,与时代共同奔跑,成为永不停歇的追梦人。

团结实干成就梦想,战胜艰险赢得事业。毛泽东同志说过:"只要共产党人团结一致,同心同德,任何强大的敌人,任何困难的环境,都会向我们投降的。"团结的力量是无穷的,任何艰难困苦在团结的力量面前都是不堪一击的。领导干部要有号召力,要能团结一切可以团结起来的力量,坚持齐心协力、团结制胜的观念,从而增强凝聚力、提高战斗力,真正激发干事创业潜力;要善于团结合作共事,努力把干部群众团结起来,凝聚共识、形成合力,把磅礴力量汇成江河,锚定目标共同奋斗,不断推进事业向前发展。

102 保持定力不动摇,只争朝夕不等待,蹄疾步稳不急躁,聚焦目标不散光,综合统筹不偏颇,真抓实干不虚空,精准施策不粗糙

一个人不管做什么工作,都要有好的工作方法,这是抓好工作的前提,如果方法不对头,纵使有万般能力,也无济于事。明朝吕坤在《续小儿语》中说:"大凡做一件事,就要当一件事;若还苟且粗疏,定不成一件事。"就是说无论做什么事情,要取得实效、赢得胜利,就不能"东一榔头西一棒子""打一枪换一个地方""一阵风、不落实"。领导干部只有时刻保持好的工作状态,使用好的工作方法,才能不断干好事业、取得好成绩。

要保持定力、分秒必争。"将军赶路,不追小兔"。领导干部做决策必须坚持目标导向,瞄准目标、锁定目标、紧盯目标、专注目标,时刻保持头脑清醒,经得住诱惑,排除外界因素干扰,不在细枝末节、鸡毛蒜皮的小事上纠缠不清,不管走多远,都不要忘记为什么而出发,一切向前,排除干扰,不达目的誓不罢休。

要蹄疾步稳、保持节奏。"心急吃不了热豆腐",干事创业既要有只争朝夕的紧迫感,也要有蹄疾步稳的节奏感。稳中求进是推动工作的总基调,也是必须坚持的方法论。早熟的果子长不大,拔苗助长易夭折。要科学谋划工作,保持工作的连续性,按规律办事、按辩证法办事,保持脚踏实地的作风,杜绝"头脑发热"的"大干快上",既保持定力、稳定大局,又主动作为、攻坚克难,做到"蹄疾而步稳"。

要真抓实干、精益求精。把心思和精力集中在实干上,聚焦目标、综合统筹,用精工出精品。要以"求实、务实、朴实、扎实"的工作作风,发扬专业精神和工匠精神,严格严肃严谨地对待工作,拿出打铁的韧劲和绣花的功夫,把"严、细、实"要求贯穿工作的全过程,一件事做就做到极致,做成精品,自觉杜绝"差不多",要追求最完美,重实效、出实招、办实事,不折腾、不反复、不冒进,久久为功、绵绵用力,创造出无愧于人民的崭新业绩。

103 保持"乱花纷飞不迷眼"的理智和清醒,保持"咬定青山不放松"的耐力和韧劲

面对纷繁复杂的工作,领导干部每天都要处理各种各样的事情,应对形形色色的人和事,这就需要领导干部时刻保持理智和清醒,耐力和韧劲。如若不然,就会见到什么都"跃跃欲试""东一

榔头西一棒子",零敲碎打,就可能抵不住诱惑迷失在路途中,决策的预期目标就难以实现。唯有保持头脑清醒,坚持目标导向,才不会遗憾终身、无疾而终。

内心理智冷静,行亦适可而止。日常工作中,面对复杂的社会环境,领导干部要学会坚持用理性的思维看问题,时刻保持清醒,防止行为出错。要坚持和运用辩证唯物主义,不断增强辩证思维能力,提高驾驭复杂局面、处理复杂问题的本领;要从普遍性与特殊性的辩证关系原理出发,把握事物发展的客观规律,透过现象看本质,从零乱的现象中发现事物内部的必然联系,从客观事物存在和发展的规律出发,在实践中按照客观规律办事,以理性的、清醒的头脑确保各项工作任务合理地完成。

保持"风雨不动安如山"的定力,历练"越是艰险越向前"的韧劲。目标一旦确定,就要久久为功抓好落实。"不积跬步,无以至千里",光有远大目标还不够,还要善于坚持不懈抓好既定目标,让每一个目标如期实现。领导干部要紧盯目标不放松,干事没有捷径可走,只有驰而不息地从小事做起,积少成多,聚沙成塔,才能不断完成目标任务。要有持之以恒的韧劲,目标的实现需要力量的支撑,但更需要持续地坚守,只有围绕已有规划、既定目标,逢山开路、遇水架桥,一茬接着一茬干,一锤接着一锤敲,不达目标不罢休,才不会三心二意,抓一个丢一个,什么事也做不成。

104 拿出绳锯木断、水滴石穿的执着和韧劲,发扬较真碰硬、敢于斗争的精神和魄力,保持只争朝夕、永不懈怠的拼劲和姿态

对干部而言,执着、韧劲、勇气、拼劲等是一种干事的精神状态。领导干部如果有了这些工作态度和精神状态,就会有干劲、有方向,就会不断地改进和完善自我,不断地超越和提高,就能使自己不断地成长和进步,创造更好的成绩。

持一股"韧劲",下一番"钻功"。日日行,不怕千万里;常常做,不怕千万事。出生19个月就失去了视觉、听觉和说话能力的重度残障者海伦·凯勒,用手触摸学会手语,摸点字卡学会了读书,用手摸别人的嘴唇,学会了说话,并且以惊人的毅力完成了哈佛大学的学业,成为人类历史上第一位获得文学学士学位的盲聋人。她的著作《假如给我三天光明》,被誉为"世界文学史上无与伦比的杰作"。一个人如果没有一点毅力和恒心,三天打鱼两天晒网,还奢谈什么创新超越。领导干部要杜绝急功近利的行为,拿出滴水穿石的韧劲和执着,以钉钉子精神做好工作,做一名潜心静气、专心致志、埋头苦干、积极作为的实干家。

较真碰硬敢行事,坚持原则敢斗争。敢于较真,就无所畏惧,就能勇于斗争。"苟利国家生死以,岂因祸福避趋之。"担当作为始终铭刻在中华人文精神的史柱上,中国的发展史上,无数仁人志士抛头颅洒热血,为国家独立富强而敢于较真碰硬、敢于斗争。进入新时代,新情况新问题新矛盾层出不穷,面对繁重的任务,有些干

部有位不为、有责不担，畏首畏尾不敢担当作为，得过且过不愿担当作为，归根结底是理想信念动摇、斗争的精神缺失。领导干部要自觉增强斗争意识、担当意识，以"敢于碰硬，善于斗争"的精神扎扎实实干好有利于党和人民的事情。

争分夺秒抓紧干，一往无前抓实干。一个人如果沉迷于过往的成绩，认为自己已经做到最好，那就可能会停滞不前。唯有保持只争朝夕、永不懈怠的干事精神，才能推动事业向前发展，在发展的浪潮中勇立潮头，攻坚克难。领导干部要始终保持强烈的事业心、责任感，在其位、谋其政、履其职、爱岗敬业、只争朝夕，克服"等、靠、要"的惯性思维和"怕、僵、满、木、私、浮"的懈怠情绪，应该干的事，顶着压力也要干，应该负的责，冒着风险也要担，艰苦奋斗、锲而不舍，努力推动各项工作在现有基础上"百尺竿头、更进一步"，干出新气象、实现新作为。

105 在善始善终中善作善成，在持续用力中久久为功

正所谓"政贵有恒"。为官一任、为政一方，既要大胆开展工作、锐意进取开个好头，又要注意保持工作的连续性、稳定性，一抓到底。现实中，少数领导干部政绩观不正，事无恒心、人无毅力，不同程度地存在"换一任领导就换一套思路""新官不理旧账"的问题，在发展思路、发展规划上反复折腾，在群众中造成了不良影响。领导干部要坚守初心、方得始终，言必行、行必果，才能有

始有终，最终实现奋斗目标。

一以贯之抓目标，一门心思务实功。"善始善终"向来是为人做事要贯彻始终的认真态度，是善作善成所遵循的"起心动念"和终极目标，而持续用力则是善作善成的必备条件。习近平总书记指出："有些地方、部门和单位抓落实之所以成效不佳，往往与缺乏经常抓、反复抓、持久抓有关。如果抓一阵子松一阵子，热一阵子冷一阵子，不能一抓到底，那怎么能把工作落实好呢？抓落实，一定要防止虎头蛇尾。"任何工作只有抓得很紧，毫不放松，才能抓得住、抓出实效，否则就成不了事。领导干部要坚持抓"常"和抓"长"，把抓落实当作一种精神追求、一种工作习惯，千方百计地采取有力措施来打开局面，使事有专管之人、人有专管之责、时有限定之期，善始善终、善作善成，决不能说说了事、虎头蛇尾，干出半拉子工程。

抓一桩成一桩，干一样成一样。习近平总书记强调："我们的责任，就是要团结带领全党全国各族人民，接过历史的接力棒，继续为实现中华民族伟大复兴而努力奋斗。"新征程已开启，制定政策要一张蓝图绘到底，领导干部接过的不仅是权力，更是责任的接力棒。要发扬吃苦耐劳精神，发扬水滴石穿精神，认定目标，保持工作的连续性和稳定性，确保做一件成一件、抓一桩成一桩、干一样成一样，不为任何困难而退缩，不为一时劳苦而气馁，不为一次失败而放弃，坚持以钉钉子精神狠抓工作落实，取得实实在在的成效。

106 以"滚石上山、负重前行"的决心抓发展，以"时不我待、只争朝夕"的作风推工作，以"善始善终、善作善成"的精神强落实

伟大事业不是"百米赛"，而是一个接一个的"马拉松"，无论是开头、过程，还是结尾，都是环环相扣、有机衔接、整体联动的。100多年前的青年马克思与恩格斯把思想的火焰淬炼成钢，给腐朽落后、经济萧条的旧资本以痛击，并为之不懈地战斗、为之不断地学习，挖掘、凝聚了无产阶级的磅礴力量，创造了伟大的政治文献《共产党宣言》，肩负起了时代的重任。面对百年未有之大变局的今天，领导干部需要以更大的决心、更硬的作风、更好的精神在"负重"中赓续前行，才能完成不朽的事业。

越是难办越要上，越是棘手越要抓。"知责任者，大丈夫之始也；行责任者，大丈夫之终也。"当前，改革已进入"深水区"，摆在面前的是更复杂的利益调整、更难啃的"硬骨头"、更大的攻坚难题。必须以舍我其谁的历史担当勇立时代潮头，真正为本地本部门本单位跨越发展"闯"出一片新天地。要有逢山开路、遇水架桥的精神，更加自觉主动地服务和融入国家发展战略，只要符合中央要求，符合基层实际，符合群众需求，就要坚决改、大胆闯。

在岗一分钟，奋斗六十秒。领导干部要意识到当下才是最重要的、最真实的、最现实的，要倍加珍惜在岗在位的时间，不能仅仅把工作作为一种谋生手段，要把工作当成终身的事业来对待，以时不待我、争分夺秒的紧迫感，以强烈的干事创业热情投入工作中，

以昂扬的斗志来对抗工作压力，以只争朝夕的勇气和干劲来面对工作中的困难和问题，不断开拓新时代中国特色社会主义的新局面。

立下愚公移山志，破开万重困难关。行百里者半九十。不管是做人、做事还是做官，干好党和人民的事业，不仅要起好步，而且要行得稳，最后还要结好局。领导干部要实现这一任务目标，唯有立下大志，并持之以恒地真抓实干，以抓铁有痕、踏石留印的劲头，不放松、不停顿、不懈怠，不能因走得太远而偏离了方向、忘记了为什么出发，才能善始善终、善作善成，以不抓则已、抓则必成的作风做出实实在在的业绩。

107 既要有"一万年太久，只争朝夕"的紧迫感，又要有"一锤接着一锤敲"的钉钉子精神

"多少事，从来急；天地转，光阴迫。一万年太久，只争朝夕。"工作中有很多稍纵即逝的机会摆在我们面前，能否抓住这些机会，不仅取决于是否能抓住时机立刻去做，还在于是否能坚持不懈，一锤接着一锤敲，把事儿干成。然而，在工作中，有些人把"拖"当成官场"真经"，当成一种解决问题的办法、一种工作习惯，毫无紧迫感，事事处处拖拉散漫，贻误时机，给党和人民群众的事业造成损失。领导干部要传好改革发展"接力棒"，既要有只争朝夕的紧迫感，还要发扬钉钉子精神，接续奋斗。

紧而有序、忙而不乱。紧迫感是一种积极的奋进姿态。身在事

之中，心在事之上，适度保持紧张感，是干好事情的催化剂。领导干部要树立强烈的时间观念和效益观念，保持抓紧快干、雷厉风行的精神状态，以等不得、慢不得、松不得的紧迫感和使命感，激发内在动力和革命激情，推动各项工作稳步向前。要保持干事的理智头脑，冷静客观，卓有远见，以理性驾驭自己的激情，把求真务实和开拓创新相结合，把高昂的斗志和理性的思维相结合，把饱满的激情和务实的态度相结合，不能头脑发热、急功近利。

事业发展永无止境，奋进脚步永不停歇。一件事不做则已，做必做到底，做到最后胜利。习近平总书记多次强调，干工作，就要有钉钉子的精神，一锤接着一锤敲，直到把钉子钉实钉牢。干工作往往不是"一锤子就能钉好"的，必须"一锤接着一锤敲，直到把钉子钉实钉牢"。要始终保持永不懈怠的精神状态和一往无前的奋斗姿态，发扬求真务实、真抓实干的作风，以钉钉子精神担当尽责，一件事情一件事情地办，一年接着一年干，在时不我待的紧迫感中脚踏实地把既定的行动纲领、战略目标、工作蓝图变为现实。

108 一茬接着一茬干，一锤接着一锤敲，一张蓝图绘到底

"若有恒，何必三更眠五更起；最无益，莫过一日曝十日寒。"领导干部要保持"功成不必在我"的精神境界和"功成必定有我"的历史担当，一事接着一事做，一年接着一年干，一茬接着一茬

干，脚踏实地把既定的行动纲领、战略目标、工作蓝图变为现实。

干事创业贵有恒。习近平总书记强调："一张好的蓝图，只要是科学的、切合实际的、符合人民愿望的，大家就要一茬接着一茬干"。钉钉子不是一锤子就能钉好的，而是要一锤接着一锤敲，直到把钉子钉实钉牢，钉牢一颗再钉下一颗，不断钉下去，才会有成效。领导干部要想干出真政绩，必须把"恒"字深深镌刻在干事创业的基座上，既大胆创新、锐意进取，又始终保持工作的稳定性和连续性，正确处理好潜绩和显绩的关系，多在短时间看不见、难出成绩的基础工作上下笨功夫，一件事接着一件事抓，不因外部环境的变化而松懈，才能把好事干好、实事干实。

干事创业是接力赛。罗马城不是一天建成的，工作也是如此，不是一朝一夕、一蹴而就的，有的工作甚至需要好几年甚至好几届领导班子传承接力才能做好。自张荣怀起，山西省右玉县20任县委书记开展绿色接力，带领人民种树70年如一日，让一片林木覆盖率不足0.3%的沙洲变成绿水青山；深圳经济特区、上海浦东新区也是经过几十年一以贯之的努力，才成为中国和世界经济增长的新亮点。领导干部干事创业要"一块砖头一块砖头地垒""一铲沙子一铲沙子地加"，一茬接着一茬干，一点一点坚持下去，决不能急于求成，心浮气躁，更不能半途而废、有始无终。

干事创业须持续担当。现实中，有的干部认为自己把问题提出来，把工作布置下去，就尽到责任了，不管落实的效果；有的把"说了"当成"做了"，"做了"当成"做好了"；有的工作顺利就进一步，遇到困难就退两步；等等。领导干部要想真正做到持续担当，就必须始终担起担好该担的责任，尽心尽责干好每一项工作，决不让机遇在犹豫中丧失、发展在彷徨中停滞、差距在喟叹中拉大。持续担当就不能停留于眼前的成绩，必须以不满足的精神去奋斗、去追求、去超越，才能善作善成。遇到困难不退缩、碰到矛盾不回避、铆足干劲向前冲，扛起狠抓落实的责任，增强狠抓落实的本领，抓铁有痕、踏石留印，不达目的不罢休，扭住问题不放手，一张蓝图绘到底。

109 像燕子垒窝那样持之以恒，如蜜蜂酿蜜那样日积月累，似滴水穿石那样锲而不舍

荀子《劝学》："骐骥一跃，不能十步；驽马十驾，功在不舍。"习近平总书记指出："在全面建设社会主义现代化国家新征程中，我们必须把促进全体人民共同富裕摆在更加重要的位置，脚踏实地、久久为功，向着这个目标更加积极有为地进行努力。"个人的力量虽然小，但只要坚持不懈，就能把艰难的事情办成。做干部也是一样，只要坚持每天进步一点，朝着目标迈进，最终也能成就大事。

积微才能成著，厚积才能薄发。任何成绩都不是一蹴而就的，都要有长期的努力和积累。如果以急功近利的心态看问题、办事情，把握不了现在，更无法赢得未来，即便能收一时之功，也会种下长久之患。领导干部不能总想着一鸣惊人、出新出彩，甚至

做干部必须作风硬

为了出成绩而搞假,弄出一堆"面子工程""形象工程",不仅挫伤了群众感情,更损害了党和政府的形象。要做一名持之以恒、潜心静气、专心致志、埋头苦干的实干家,多做打基础、管根本、利长远的事,不贪一时之功、不图一时之名,真正把好事办好、把实事办实。

心急吃不了热豆腐,事要一件一件干。俗话说:"饭要一口一口吃,事要一桩一桩做。"欲速则不达,有了量变才会有质变,切不可太过急躁。领导干部如果一味地追求速度,忽视客观规律,甚至逆其道而行之,结果反而会离目标越来越远。要懂得"量变"引起"质变"的道理,学会沉下去,把远大目标和干事创业、担当实干结合起来,多到基层一线和不同岗位磨炼自己,在急事、难事、大事中壮筋骨,才能在平凡中成就不平凡的事业。

成功没有"捷径",唯有日积月累。"道虽迩,不行不至;事虽小,不为不成。"史学家司马迁历时18年,终以《史记》受世人称赞;著名科学家爱因斯坦持之以恒研究物理学,终以《相对论》轰动世界;著名医学家李时珍,走遍了大半个中国,访名医,尝药草,经过二十几年的不懈努力,终以《本草纲目》闻名于世。干任何事情都没有近道可抄,路要一步一步地走,如同搭积木,需要手把手、一个格子一个格子完成,少一步、错一项都不可能圆满完成。领导干部唯有秉持坚强的意志,干每一件事都驰而不息、久久为功,才能积小成为大成,成就千里之功。

110　天下大事必做于细，古今事业必成于实

《礼记》有云："莫见乎隐，莫显乎微。"小事小节最能看出一个人的品质，实干实效最能彰显一个人的作风。现实中，有的领导干部自以为当领导就要"抓大事"、搞"大手笔"、起"大成效"，对一些小问题小细节不注意，或是好高骛远、贪大求全、不切实际，最终一事无成。领导干部手握一定权力，代表一方形象，更要锤炼严谨细致的工作作风，踏踏实实做好每一件小事，才是推动事业发展的根本方法。

万丈高楼平地起，最是细处见真章。生活都由一个个日子组成，大事都由一件件小事构成。如果成功是一辆满载着收获的火车，那么细节就是每个车轮转动链条上的扣环，是车轮下钢轨上的一颗铆钉，是枕木上的一颗螺丝……虽然微不足道，却关系着列车能否正常运行。一颗铆钉螺丝松了、掉了，那么这列火车也许就再也不能"奔驰"了。领导干部要培养深入细致的工作习惯，发扬一丝不苟的精神，深入基层、深入实际，把情况摸透，把工作做细。

真抓才能攻坚克难，实干才能梦想成真。孔子曾感慨，"苗而不秀者有矣夫，秀而不实者有矣夫"，意思就是说庄稼出了苗不吐穗扬花的是有的，吐穗扬花不结果的是有的。干部队伍中也存在类似情况：把说了当做了、把做了当做好了，重过程而轻结果、讲痕迹而轻实绩、讲数量而轻质量，凡此种种，都会贻误时机、影响工作。奋进新时代、肩负新使命，每位领导干部都应当涵养务实、求实、扎实的作风，说到做到、干就实干、干就干成，把抓落实具体

体现在工作举措、工作流程、工作环节、工作实效上，力戒形式主义、官僚主义，不折不扣、心无旁骛。

把大事做小，把小事做实。《荀子》云："不积跬步，无以至千里；不积小流，无以成江海。"万事没有一步登天的捷径，只有一步步向前走，才能走向成功。只要把小事当大事干，把小事做细、做实、做透、做精，就一定能干成大事。领导干部要从一点一滴小事做起，一步一个脚印、一步一级台阶，善于集腋成裘，坚持不懈、锲而不舍，小步走、快步走、不停步，过了一山再登一峰、跨过一沟再越一壑，不虚、不空、不偏，不走过场，积小胜为大胜，把量变积累转化为质变，最终把难事干成、把大事办好。

111 从严，就是坚持严的标准、严的措施、严的纪律；从紧，就是上紧发条、紧抓不放；从实，就是具体抓手实、责任主体实、工作效果实

作风是事业成败的关键。"严紧实"是领导干部干成事、干好事的前提基础，"宽松软"是管党治党、从严治党的大敌。"差不多"先生的故事、寒号鸟被冻死的故事告诉我们，不严、不紧、不实，不仅会误事，而且会出大事。面对高质量发展的新时代新征程，标准要求更高、时效性更强，必须以更严的标准、更紧的节奏、更实的作风，把各项工作落到实处，才能确保按期完成"两个一百年"奋斗目标。

世间事，做于细，成于严。"加强纪律性，革命无不胜！"习近平总书记强调："从严是我们做好一切工作的重要保障。我们共产党人最讲认真，讲认真就是要严字当头，做事不能应付，做人不能对付，而是要把讲认真贯彻到一切工作中去，作风建设如此，党的建设如此，党和国家一切工作都如此。一切何必当真的观念，一切干一下得了的想法，一切得过且过的心态，都是对党和人民事业有大害而无一利的，都是万万要不得的！"领导干部必须严格要求自己，严以修身来增强党性，严以慎行来管好权力，严以守纪来塑造形象，做到真管真严、敢管敢严、长管长严。

发条拧得越紧，时钟走得越长。钟表是靠发条的弹性势能转化为动能来工作的，势能越大，转化的动能就越多，走的时间也就越长。同样，一个国家、一个集体、个人也是如此。正如邓小平同志所说："我们这么大一个国家，怎样才能团结起来、组织起来呢？一靠理想，二靠纪律。"纪律松弛，党组织肌体就会处于"亚健康状态"，更会损害党在人民群众中的威信和形象。从这个意义上，党要管党，从严治党，就要上紧组织、纪律的"发条"。领导干部要求别人上紧"发条"，自己先要拧紧"发条"。要守纪从严，执纪必严，坚持以上带下，严明组织纪律，强化组织力量，不断增强党的凝聚力和战斗力。

凌空蹈虚，不如脚踏实地。习近平总书记反复强调，改革要坚持从具体问题抓起，着力提高改革的针对性和实效性，着眼于解决发展中存在的突出矛盾和问题……聚焦、聚神、聚力抓落实。再好的蓝图、再好的思路，如果不能落到实处就相当于一纸空文。现实工作中，仍有干部不研究工作，照搬照抄，上下一般粗、左右一个样，没有结合实际的措施；有的层层签责任状，美其名曰层层抓落实，实则推责任；有的热衷于搞包装，以"盆景"代替"风景"，吹嘘夸大工作效果，甚至以弄虚作假来追求掺水分的政绩。这些说到底都是因为没有做到"实"。领导干部要在落"实"上下功夫，查实情、谋实招、讲实话、干实事、求实效，努力克服浮躁思想，坚决杜绝短期行为，真正做到抓铁有痕、踏石留印。

112 细节上不舍尺寸之功，成功才不会失之于空

邓小平同志曾经指出："我们的事业总是要求精雕细刻，没有一样事情不是一点一滴的成绩积累起来的。"细节铸就伟业，细节积淀成功。宏伟的大厦，离不开一砖一瓦的堆垒；美好的蓝图，离不开一招一式的努力。领导干部树立细节决定成败的工作理念，坚持严谨细致的工作态度，从小事做起、从细节抓起，入细入微、落实落细、精耕细作地把每一项具体工作干好，才能积小胜为大胜，避疏漏成完美。

细泥浇好瓦，细工出巧匠。细微之处见精彩。全中国在载人潜水器的组装中能实现精密度达到"丝"级的顾秋亮、"发动机焊接第一人"的高凤林、创造了打磨过的零件百分之百合格惊人纪录的胡双钱等大国工匠成功的经验告诉我们，任何事业只有专注细节才能取得成功。领导干部必须要干一行爱一行，专注敬业、一丝不苟、精益求精，才能抵达"心心在一艺，其艺必工；心心在一职，

其职必举"的境界。

千丈之堤，以蝼蚁之穴溃；百尺之室，以突隙之烟焚。成功需要100%的努力，失败却只需1%的破绽。马掌钉的故事大家再熟悉不过，缺了一枚铁钉，毁了一个王朝。可见，不注重细节无以成大事，把细节落细才能积小为大。一个产品需经过5道程序完成，如果每道程序质量能达到90%的标准，那么最终标准将是90%的5次方约等于59%，竟然连"及格线"也达不到。领导干部要发扬严谨细致的工作作风，真正重视并积累尺寸之功，把每件事都干漂亮、每个细节都做精致，以十年磨一剑、蚂蚁啃骨头的笃定沉着精进不止。

积土成山、积水成渊。事物的发展变化，都有一个从量变到质变的过程，没有足够的量变做基础，质变就不可能发生。尺寸之功重在"多积"，也难在"多积"。一点一滴的奋斗，未必会有立竿见影的效果，却是成就事业的根基，不可或缺。该认真的不认真，该把关的不把关，必定事与愿违。领导干部要善于从细处着手，对"手中活"细心钻研"雕刻"，把事情做精。在落细落小落实上下真功夫，只想"更好"，不讲"最好"，善于发现工作不扎实、不到位的地方，真正成为攻坚克难的行家里手。

113 小处着力方能成就大事业，小处尽失早晚会栽大跟头

"不积跬步，无以至千里；不积小流，无以成江海。"只有从一

点一滴的小事做起，从不经意不显著的小处着力，才能成就大的事业。领导干部要树立正确的政绩观，不眼高手低、不急功近利、不出名挂号，大处着眼、小处着手，从小事做起，特别是要从解决人民群众的小事做起，积少成多，聚沙成塔，把手头的每一件事办好、办实，才能为人民的幸福添柴，为民族的复兴加瓦。

小事连着大事，小事是成就大事的基础。俗话说得好，"一口吃不成胖子"。路要一步一步地走，事要一件一件地干。"水滴石穿""铁杵磨针"充分证明，任何事物持续的量变必然导致质变的发生。有的领导干部干工作急于求成、好高骛远，不能把眼前的小事干好，却天天指望做大事、成大业，这样的想法本身就违背了实事求是的基本原理，是不可能实现的。唯有坚持小处着力，踏踏实实把一件件小事干好，以量变引起质变，才能在行稳致远中成就一番大业。

忽略小事的人是不会成功的。习近平总书记强调："小事小节是一面镜子，能够反映人品，反映作风。小事小节中有党性，有原则，有人格。"正所谓"泾溪石险人兢慎，终岁不闻倾覆人；却是平淡无石处，时时闻说有沉沦"，对领导干部而言，信仰的松动、纪律的"破窗"，常在小事小节的不知不觉间，如"温水煮青蛙"一点一点丧失了警惕和斗志。纵观近年来各类被查处的"老虎""苍蝇"，之所以一步步滑入深渊，都是从一次别有用心的宴请、一笔数额不大的礼金、一份精心设计的礼品开始的，最终欲壑难填，铸成大错。

大处着眼，小处着手。"小事小节"，一头连着干部作风形象，一头连着改革、发展、稳定的方方面面。领导干部要正确处理好"大"与"小"的关系，大处着眼，就是要能够统筹规划、总揽全局、协调各方;小处着手,就是要能够积小成大、积少成多、锲而不舍。既要能够胸怀全局、眼观大局,把整个事业的框架了然于心,又要能够踏踏实实、一步一个脚印地干好每一件工作,如此才能真正成大事、成大器。

114 小疏忽酿成大事故,小细节决定大成败

习近平总书记反复强调,小洞不补,大洞吃苦,积羽沉舟,群轻折轴。无论是对于个人还是对于一个国家,"大问题要抓,小问题也要抓"是必须一以贯之坚持的治理思路。"祸患常积于忽微",领导干部肩负着改革发展稳定的重任,面对新情况新问题新任务,如果缺乏对细节的把控,不重视对细节的管理,就很有可能酿成事故,造成失败,只有在小事上慎之又慎、谨之又谨,才能减少失误,避免出现大的事故。

千里之堤,毁于蚁穴。千里大堤,狂风巨浪未能移其毫厘,可谓牢不可破。然而蝼蚁等微生物入侵,日削月割,却会最终使其塌掉。百年巨树,雷击山崩不能毁其生命,可谓顽强不屈,但是微小而脆弱的甲虫却能咬破树皮,吃空树干。微小的攻击看似微不足道,然而忽视它却能造成致命伤害,即使是强大的事物亦难免于难。因此,对待事物不能忽视细节,微小的事物一旦被忽略,就有可能由小变大,最终造成无可挽回的后果。

不虑于微,始贻大患。古人讲:"轻者重之端,小者大之源,故堤

溃蚁孔，气泄针芒。是以明者慎微，智者识几。"对于领导干部而言，小事当慎、小节当拘，是道德修养的"试金石"，体现着政治自觉、思想自觉和行动自觉，事关人心向背、事关党在群众中的威望，容不得半点放松和懈怠。领导干部要善当明者、智者，见微知著、防微杜渐，对一些看似微不足道的小恩小惠，不能有丝毫麻痹、侥幸心理，更不能用"小事无所谓"来放纵自己、用"小节不要紧"来开脱自己，要把思想的"螺丝"拧得更紧，坚决避免"小苗头"异化为"大矛盾"。

勿轻小事，小隙沉舟；勿轻小物，小虫毒身。古语云，"勿以善小而不为，勿以恶小而为之"。正所谓小恶也能铸成大错。回顾近年来大大小小的干部贪污腐败案，其中绝大多数根源于生活作风不检点、生活情趣不健康。大量事实也表明，这些领导干部蜕化变质，一步步陷入违法乱纪的泥坑，往往都是从吃喝玩乐这些小事开始的。领导干部不仅要在大是大非面前经得住考验，同样也要在日常小事和生活细节上守住底线，谨小慎微、克己慎行，从小事做起，从小节严起，始终保持党员干部"为民、务实、清廉"的优良作风，绷紧慎微之弦，永葆清廉本色，做到耐得住寂寞，守得住清贫，经得住诱惑，在严于律己中砥砺品格、成就事业。

115 专注、专心、专一的工作态度，精准、精致、精心的工作意识

《说文解字》讲，"专"本意是纺锤，纺车旋转，圆心如一，进

而引申为专注、专心、专一之意；而"精"本意是挑选过的上等好米，故而引申出精准、精致、精心之意。踏上全面建设社会主义现代化国家的新征程，作为促一方发展、保一方平安的"关键少数"，新时代的领导干部尤其需要有那么一股子"专"的态度和"精"的意识，这正是习近平总书记反复提及的"工匠精神"。

"专"于业是对身份的承诺，苟使心专石可穿。党章明确指出，"党的干部是党的事业的骨干，是人民的公仆"，工作性质就决定了领导干部在工作中，必须屏蔽外界纷扰，淬炼平和心性，专注事业发展、专心为民服务、专一履职尽责。一旦离了这个"专"字，无异于自毁长城。正所谓"人之才，成于专而毁于杂"，在电视剧《人民的名义》中，"冰箱藏款"的赵德汉原本也是一心一意扑在事业上的，但随着个人私心混进工作领域，专注、专心、专一全部失守，杂念引来妄念、妄念变成邪念，结果只能是"德不配位，必有祸端"。

"精"于行是对岗位的敬畏，精益求精乃所成。毛泽东同志说："世界上怕就怕'认真'二字，共产党就最讲'认真'。"对待工作质量，是孜孜不倦地秉承精准、精致、精心，还是满足于"无所谓""差不多""莫须有"，折射的是我们共产党人的精神境界。滥竽充数的故事妇孺皆知，南郭先生明明不会吹竽，只因齐宣王独爱合奏，他便得以混在乐队里吃"集体红利"，后来继位的齐湣王恰恰相反喜听独奏，南郭先生也就只好逃之夭夭。可见，如果干部只会喊口号、装样子，全然没有担事干事的"铁肩膀""金刚钻"，不仅恶化干部队伍风气，更耽误事业发展，结果必然是"能不配位，其殃必大"。

"专"而"精"是对卓越的追求,两端齐执得其中。"心心在一艺,其艺必工;心心在一职,其职必举。"面对经济社会深刻变革,科技进步日新月异,行业分工越来越细,领导干部必须要耐得住寂寞、稳得住心神,不管在什么岗位、做什么工作,都应当树起"工匠精神"的标杆,既要有"专"的态度,干一行、爱一行,也要有"精"的意识,争先进、创一流,做到以"专"达"精",以"精"促"专",力求每一项工作都体现专业,每一项成果都形成精品,真正成为落实中央决策的良工、巧匠、能人,才能向党和人民递交优秀答卷,在新时代闪光出彩。

116 多一些专心致志,少一些心浮气躁;多一些持之以恒,少一些朝三暮四;多一些善始善终,少一些虎头蛇尾

1943年11月,周恩来同志在延安整风时对自己的修养要则作了深化和补充,提出"宁可做一件事,不要包揽许多。宁可做完一件事,再做其他,不要浅尝辄止。宁有所舍,才能有所取"。历史和实践反复证明,如果心浮气躁、朝三暮四,抓落实难免要虎头蛇尾,唯有付出"咬定青山不放松"的努力,才能收获"吹尽狂沙始到金"的精彩。

守少则固,力专则强。古语云:"不一则不专,不专则不能。"

专心致志是干事之要,成事之基。荀子在《劝学》中讲,"蚓无爪牙之利,筋骨之强,上食埃土,下饮黄泉,用心一也"。袁隆平之所以成为"杂交水稻之父",也是因为他一辈子就专心致志地干一件事。当前我国正处在改革攻坚时期,老问题尚未完全解决,新问题仍在不断出现。这就需要我们的干部必须深刻理解和把握什么是最重要的利益、什么是最紧迫的问题,然后一个问题一个问题去研究、一个问题一个问题去解决,牢牢把握工作节奏,不断提高驾驭复杂局面的本领和能力。

宁务其大,不务其小。晚清名臣曾国藩曾致信湘军将领张运兰说:"主守则专守,主战则专战,主城则专修城,主垒则修垒,切不可脚踏两边桥,临时张皇。"诚然,在军情瞬息万变的战场上,若主帅这也想干、那也想抓,决策时朝三暮四,其后果是灾难性的。战争如此,治国亦然,要想干出点"名堂"来,"三天打鱼两天晒网"是行不通的。领导干部要善于抓问题的主要矛盾,对自己的判断要有足够的信心,定下来的事情就要下决心抓好、抓实、抓出成效,绝不能一山望着一山高,"吃着碗里想着锅里"。

靡不有初,鲜克有终。习近平总书记指出:"钉钉子往往不是一锤子就能钉好的,而是要一锤一锤接着敲,直到把钉子钉实钉牢,钉牢一颗再钉下一颗,不断钉下去,必然大有成效。"在现实中,一些干部干事初期轰轰烈烈、信誓旦旦,后面就不了了之、草草收场。究其原因,在于这些干部缺乏一抓到底的定力,东一榔头西一棒子,既耗费了行政资源,又辜负了群众期盼,不可谓不可惜。须知"干事业"与"铺摊子"之间并非因果关系,俗话说"一口吃不成胖子",事情要一件件地干好,干好一件事再干下一件事,如果盲目贪大求洋、急功近利,反而会导致"贪多嚼不烂",最后一件事都没干好。唯有遵循规律、久久为功,一任接着一任干,一件事接着一件事抓,努力在一步一个脚印中追求"进一寸有一寸的欢喜",才能积土成山、积水成渊,形成大的事业。

117 要沉下心来干工作,心无旁骛钻业务,干一行、爱一行、精一行;要信念如磐、意志如铁、勇往直前,遇到挫折撑得住,关键时刻顶得住,抗得了重活,打得了硬仗,经得住磨难

行源于心,力源于态。气壮则身存事成,气馁则人无事败。领导干部肩负改革发展稳定重任,只有沉下心工作,才能真正钻研工作做出精品;只有知重负重,才能坚毅前行,必须不断磨炼坚强的意志、过硬的能力、扎实的作风,切实把改革发展各项任务落到实处。

非淡泊无以明志,非宁静无以致远。国画大师齐白石成名后,有人问他何以从一介木匠成为一代名家,他答道:作画是守静之道,涵养静气,事业可成。作画如此,做人做事亦是同理。领导干部是改革发展的"先锋队""主力军",要克服浮躁心理,不被躁气吞噬、不被琐碎分心,从而沉淀心性,专注于正在干的事情,干一行、爱一行、务一行、专一行,立足本职岗位、认真履职尽

责，把大事做圆满，把小事做精细，把难事处理稳妥，让每一项工作见实见效。

路不险则无以知马之良，任不重则无以知人之德。《考工记》里说，打造一把良弓，需要历时一年，完成"冬析干而春液角，夏治筋，秋合三材，寒奠体，冰析灂"等六个过程。如果急于求成、省去任何一个步骤，制作出来的弓就会有"斫挚不中，胶之不均"的毛病，容易被折断。对领导干部而言，成长从无捷径可走，只有经风雨、见世面，才能壮筋骨、长才干。要把自己职责范围内的事情抓紧抓实抓细，吹糠见米、落地见效，始终把群众的所思所盼、所愿所需作为谋事干事的根本出发点和落脚点，多设身处地站在群众的角度想问题做决策，从解决群众最关心最直接最现实的利益问题入手，坚持不懈做实事，尽心竭力解难题，努力把好事办好、把实事办实。

志不求易者成，事不避难者进。软肩膀挑不起硬担子，越是艰苦环境、吃劲岗位，越是困难大、矛盾多，越能磨砺干部的品质，考验干部的毅力，增长干部的才能。不经历一些险峻情况，不接一接"烫手山芋"，不当几回"热锅上的蚂蚁"，何以磨出真功夫、练出"大心脏"。领导干部要想扛得了重活、打得了硬仗、担得起重任，就必须不断"苦其心志"，经历千锤百炼，真正锻造出高强本领，敢于迎难而上，主动接受挑战，直面矛盾和问题，敢闯敢试、大胆创新，努力创造经得住实践、人民和历史检验的实绩。

118 提高精准理解、精准发力、精准落实能力，克服和防止"马大哈"的态度、"差不多"的标准、"过得去"的作风

何为精准？简言之，就是有的放矢，把工作做深、做细、做到位。当前，面对新时代新任务新要求，大多数领导干部都能够立足本职岗位，一丝不苟地投入事业的改革发展，但也有部分领导干部存在畏难情绪、怕吃苦等问题，工作是为了完成"任务"，流于形式、走过场，不求有功、但求无过，遇到困难绕道走，碰到麻烦赶紧躲，碌碌无为、得过且过。要解决这些问题，就要从端正态度、提高标准、转变作风入手，养成精准思维习惯，不满足于一般化、大呼隆抓，不能以原则应对具体，要把精准的意识和智慧贯彻到一切工作中，做到一丝不苟、精益求精。

君子慎始，差若毫厘，谬以千里。工作岗位是我们安身立命、实现价值之所。一个人的工作态度折射着人生态度，而人生态度决定一个人一生的成就。态度是决定工作能否干好的第一前提，干好工作需要拥有"路漫漫其修远兮，吾将上下而求索"的执着追求，需要拥有"古之立大事者，不惟有超世之才，亦必有坚忍不拔之志"的矜持不苟，更需要"恢弘志士之气，不宜妄自菲薄"的自我严格。领导干部要端正自己的做事态度，增强工作责任感和使命感，克服粗心大意的毛病，改变工作中的懒散拖等不良习惯，在平时的实际工作中要务实、清廉，更要警钟长鸣，筑牢防线，时刻不能放松。

不搞"大水漫灌",要精准"滴灌"。有什么样的标准就有什么样的质量,标准高、要求严,各项工作自然会有实效;反之,工作就会虚空偏,就容易走过场。"马大哈"、"差不多"和"过得去",其本质是满足于现状,干事情拖拖拉拉,草率不靠谱,不愿改变,不求进取,缺乏"工匠精神"。因为这种思想的存在,有的人工作随意马虎、敷衍应付、流于形式,只求"过得去"、不求"过得硬",面对群众"急难愁盼"的问题,采取"头痛医头,脚痛医脚"的态度,只顾眼前,不顾长远。从表面上看,"差不多"思想是对自己要求不高不严,自行降低标准;从根本上看,是理想信念缺失、形式主义和官僚主义习气较重。正所谓"千里之堤溃于蚁穴",领导干部要充分理解"领导就是服务"的深刻内涵,树立效果意识,追求"最完美",不要"差不多",锁定目标抓到底,撸起袖子加油干,决不能得过且过、有歇歇脚喘口气的放松,要真正把"为官一任造福一方"的理念转化为为群众办实事做好事的实际行动。

119 立足于"早",落实于"实",完善于"细"

物类之起,必有所始。祸患起于忽微,蚁穴可以溃堤。任何事物的发展都是一个循序渐进、动态变化的过程,如果不抓住根本的发展态势,往往会偏离正确的发展方向,造成难以控制的局面。抓工作必须有良好的工作作风,领导干部要坚持抓常、抓细、抓长,坚持以改革的思路和办法推进反腐败工作,确保改进作风规范化、常态化、长效化，以锲而不舍、驰而不息的决心把作风建设和反腐败斗争引向深入。

锐始者必图其终，成功者先计于始。《后汉书·丁鸿传》有云："若敕政责躬，杜渐防萌，则凶妖消灭，害除福凑矣。"意思就是说，当错误的思想和行为刚有苗头或征兆时，就加以预防与制止，坚决不让它继续发展。任何歪风邪气的形成都有其萌发的过程，也有其征兆。领导干部要坚持防微杜渐，及时排查化解各种苗头性、倾向性问题，及早发现端倪，根除病灶，做到没有问题早预防、轻微问题早发现、一般问题早纠正；要全程监督，不论事大事小，都严格遵守党章、准则以及廉洁自律的各项规定，不断加强纪律修养，做到常怀律己之心、常排非分之想，在作风问题刚露出苗头时就能及时制止。

干字当头，实字为先，效字以求。实事求是是马克思主义活的灵魂，社会主义是干出来的。让作风实一点、再实一点，让求真务实的作风立起来、强起来，是一个不断改进思想方法和工作方法的过程，是一个不断树立党员、干部实事求是观念和求真务实品格的过程，需要采取多方面举措来推进。作风的改进，重在务求实效，转作风，发力在干部，落脚在群众，核心是增进同群众的感情，重点是解决民生的难题，关键要在为民办实事上下功夫，用实实在在的行动为群众搞服务。落实落实，重点在于"实"。抓落实一定不搞一时之表，不贪一时之功，不图一时之名，坚持求真务实，不见成效不撒手。要切实强化实践导向、问题导向、结果导向，坚持一切从实际出发，善于从大处着眼、小处入手，补短板、强弱项，用求真务实的具体行动推动党和国家事业发展。

成败总是躲在细节里，细节上不舍尺寸之功。习近平总书记指出："小事小节是一面镜子，能够反映人品，反映作风。小事小节中有党性，有原则，有人格。"领导干部的一言一行、一举一动，远比挂在墙上的标语口号更能体现真实作风。作为领导干部，作风建设要坚持抓细，在日常生活、工作中的每一个细节都要抓好，不能敷衍塞责、大而化之、抓大放小，而要从细节、小事入手，抓细抓实；要牢固树立群众利益无小事的理念，多一些微观，少一些宏观。按照精心、精细、精品的要求去完成各项工作，提倡凡事都要精细化，把小事做细、做精、做实，努力做到维护群众利益无微不至，对待群众困难细心体察，做好群众工作耐心细致。

120　一天一天抓实，一月一月抓紧，一年一年抓好

习近平总书记强调，作风建设永远在路上，永远没有休止符，不可蜻蜓点水，不可虎头蛇尾，不可只是一阵风，否则不可能从根本上解决问题。当今时代的快速发展、社会的急剧变化，让作风建设面临更为错综复杂的形势，作风问题的表现更为繁复多样，作风建设抓而不紧等于白抓，必须立足长远、坚持不懈，切实以执行力提升工作成效，转化为推动经济社会发展的强大动力。

一茬接着一茬干，一锤接着一锤敲。作风问题，作之于细，累之成风，要彻底解决绝非一日之功，唯有抓常、抓长，日日抓、月

月抓、年年抓，才能杜绝抓一抓有好转、松一松就反弹的"一阵风"，才能使作风建设出成效、见长效。领导干部要把作风建设刻入脑海，时刻警醒，力戒形式主义、官僚主义、享乐主义和奢靡之风，时刻将作风建设摆上位置、有机融入日常工作，做到管事就管人，管人就管思想、管作风，时刻保持与人民群众的血肉联系；要持久抓、见长效，将作风建设贯彻日常工作生活始终，在思想上高度重视和时刻绷紧这根弦，自觉加强政治理论学习，自觉接受其他党员干部和人民群众的监督，坚持不懈、矢志不渝时刻警示提醒自己，常抓不懈、一抓到底。

板凳要坐十年冷，文章不写一句空。蓝图不可能一蹴而就，当前，党和国家事业发展的大政方针已定、目标任务明确，关键还是要领导干部不断务实作风，沉下心来抓落实，以实干、实事、实绩为评判标准，让流于表面、空谈虚做、投机取巧的人没有市场。领导干部要保持和发扬求真务实作风，认真践行"三严三实"要求，做老实人、说老实话、办老实事，让作风实一点、再实一点，让求真务实的作风立起来、强起来；要坚持求真务实，察真情、说实话，出真招、办实事，下真功、求实效，让埋头苦干、真抓实干的干部真正得到重用、充分施展才华，让作风漂浮、哗众取宠的干部无以表功、受到贬责；要树立正确的事业观和政绩观，办实事不图虚名，求实效不做虚功，多做打基础、利长远的工作，牢牢树立为民务实清廉的党风、政风，努力创造经得起实践、人民和历史检验的实绩。

后　记

本书是"新时代干部之基系列丛书"的第五本,也是最后一本。全书分五篇、一二〇题,围绕"做干部必须作风硬"这一主题展开论述。回顾这套丛书的写作过程,自己也一直在受教育。当了干部就要努力去做一个好干部,要做一个好干部就必须做到:明事理、靠得住、有本事、有担当、作风硬。

国家行政学院出版社王莹编辑对这套丛书的撰写提出许多重要建议,并为编辑出版付出了辛勤劳动,在此表示感谢!

由于水平有限,不足之处在所难免,敬请读者批评指正。

晓山

2022 年 6 月